아이들과의 철학적 대화

아이들과의 철학적 대화

가렛 매튜스 지음 | 김혜숙, 남진희 옮김

추천의 말

아이들과 철학하는 기쁨

이지애
한국철학교육학회 회장, 이화여대 철학과 부교수

어린이철학교육을 평생 해 오신 분들이 이 책을 번역하여서 참으로 기쁩니다. 아이들과 철학하는 기쁨을 직접 체험하신 분들이라, 이 책의 대화들을 목격한 사람들처럼 생생하게 우리말로 옮겨 주셨습니다. 하늘에 계신 저자 매튜스 선생님은 물론, 어린이철학교육을 이끌어 오신 많은 분들이 이 책이 나온 지 40년 만에 한국어로 번역된 것을 기뻐할 겁니다. 이는 한국에서 다시금 어린이철학교육의 중요성과 그 필요성이 일깨워지는 좋은 계기가 될 것이기 때문입니다. 매튜스 선생님께서 실제로 아이들과 만나 삶의 익숙한 소재로 나눈 대화들이 수백 년 전부터 철학자들이 고민해 온 철학적 물음들과 연결되어 있음을 이 책은 보여주고 있습니다. 특히 형이상학적, 인식론적, 그리고 윤리적인 주제들 속에서 논리적인 추론의 고

리들을 잘 발견하여 대화를 분석하는 과정이 재미있습니다. 이렇게 철학적인 대화를 해 나가다 보면, 발달이론으로는 설명하기 어렵게 아주 어린 아이들도 철학을 하고 있다는 것을 알게 됩니다. 그뿐 아니라, 아이들과 대화를 나누고 있는 나 자신이 진정한 의미의 철학을 하고 있음을 발견하게 됩니다. 이 책을 통해 더 많은 분들이 용기를 내어 우리 어린이들과 대화하는 방법을 익히고, 그렇게 아이들과 철학하는 기쁨을 체험하게 되기를 바랍니다.

더없이 즐거운 생각 굴림

김택신
서울교대 어린이철학교육센터 연구이사
한국철학적탐구공동체연구회 회장

아이들과 함께 철학을 한다고? 그게 가능해? 그건 어떻게 하는 거야? 이런 질문에 대해 저자는 아이들과 함께 한 대화를 통해 생생하게 대답하고 있습니다. 아이들은 이미 타고난 철학자로, 어른이 그것을 인정하고 아이들의 발랄한 질문과 의견을 경청하기만 하면 얼마든지 철학을 할 수 있다고 말입니다. 그러니 아이들에게 기회를 줍시다. 아이들에게 "야나, 축구공."이야말로 더없이 신나는 몸놀림의 기회이듯, "야나, 철탐공(철학적탐구의공동체토론)."이야말로 더없이 즐거운 생각 굴림이 될 것입니다. 그런 생각의 굴림을 통해 아이들은 자신과 삶의 의미 혹은 가치를 스스로 찾아가면서 보다 단단한 더불어 사는 삶을 살게 될 것입니다. 이를 바라는 학부모, 교사에게 이 책은 참 좋은 마중물이 될 것으로 기대합니다.

철학하는 어린이

김지은
아동청소년문학 평론가, 서울예술대학 문예학부 교수

　아동청소년문학을 읽고 그에 대해 비평하는 일을 하면서 어린이는 어떤 존재인지 자주 생각합니다. 아예 몰랐던 것처럼 아주 처음부터 어린이에 대해서 생각하려고 노력합니다. 저도 어린 시절을 지나왔고 오랫동안 어린이와 함께 하는 시간을 보냈지만, 잠시라도 긴장을 내려놓으면 머릿속에 박제된 어린이의 모습이 생생한 어린이의 삶을 가리기 때문입니다. 연주하기 전에 항상 음을 맞추는 현악기처럼 정기적으로 어린이가 서 있는 실제 지점을 향해 생각을 조율해 주어야 합니다. 그때마다 어린이를 있는 그대로 바라보지 못하게 하는 강력한 통념이 제 안에 있음을 깨닫곤 합니다. 어른이 된 제가 보고 싶은 방향으로 기울어져 있는 통념일 것입니다.
　이 책에는 그런 저를 번쩍 정신 차리게 하는 이야기가 가득합니다. 철학적으로 풍부하게 훈련된 어른이 어린이와 철학적 대화를 나눈 경험의 선명한 원본들이 들어 있습니다. 이 책은 한 문장도 슬렁슬렁 건너뛰어 읽으면 안 됩니다. 한두 문단이라도 어림짐작으로 짚어 내려고 하면 반드시 실패합니다. 우리가 가지고 있는 어린이에 대한 예상이 얼마나 빈약한 것이었는지 느끼게 됩니다. 어린이들의 철학함 속에는 그들이기 때문에 포착해 내는 독창적인 논점이 있고 갇힘을 모르는 사유의 추진력과 인간의 울타리를 뛰어넘는 개방된 시선이 있습니다.

어린이철학교육을 공부한 사람이라면 가렛 매튜스의 이 책을 등불처럼 의지해 철학적 탐구 공동체의 길에 발을 들여놓은 기억이 있을 것입니다. 저도 그중 한 사람입니다. 그리고 오랜 시간 동안 어린이철학교육의 연구와 실천 현장을 지켜 오신 김혜숙 선생님과 남진희 선생님은 이 책을 가장 정확하게 옮겨 주실 수 있는 전문가입니다. 어린이와 철학하는 일은 일상의 기쁨이며 까다로움을 필요로 하지 않습니다만 전문적인 도움이 있으면 제대로 진입할 수 있는 각별한 산책로와 같습니다. 이 책은 그 산책을 이끌어 주는 신뢰할 수 있는 명저입니다.

어린이는 철학한다는 것을 받아들이는 일에 현대의 어린이를 이해하는 핵심이 있다고 생각합니다. 어린이철학교육에 관심이 있는 분들은 물론 어린이문학을 하거나 다른 방면에서 어린이를 연구하고자 애쓰시는 분들 모두 이 책을 읽어 보시기를 권합니다. 무엇보다 어린이 가까이에서 교류하고자 하는 가족과 선생님들께서 꼭 읽어 보시면 좋겠습니다. 어린이와 나누는 대화는 물론 자신을 향한 질문의 깊이도 달라질 것이라고, 감히 말씀드립니다. 고무줄처럼 시간을 늘여 본다면 우리는 모두 철학하는 어린이이기도 하니까요.

차 례

서문	– 15
감사 인사	– 20
들어가면서	– 23
행복 – 꽃도 행복할 수 있나요?	– 26
소원/욕망 – 식물도 소원이 있을까요?	– 34
이야기 – 이야기 속에는 어떤 질문이 숨어 있을까요?	– 44
치즈 – 치즈는 풀로 만들어진 게 맞나요?	– 54
배 – 배를 아무리 많이 고쳐도 여전히 원래 그 배일까요?	– 65
지식 – 진짜 상추씨라는 걸 어떻게 아나요?	– 79
단어 – 단어가 없어도 서로 통할 수 있을까요?	– 95
시간 여행 – 시간 여행이 가능한가요?	– 109

윤리 – 왜 한 사람보다 세 사람의 행복이 더 중요한가요?	- 129
미래 – 생각할 때는 머릿속에서 어떤 일이 일어나는 걸까요?	- 141
나가면서	- 155
부록 : 발달심리학과 철학	- 161
역자의 말	- 169
역자 부록 1 : 진희 샘과 아이들의 철학적 대화	- 175
역자 부록 2 : 저자 소개	- 182
역자 부록 3 : 가렛 매튜스 저서 및 관련 도서	- 184
역자 부록 4 : 어린이철학 관련 도서 소개	- 186
역자 부록 5 : 어린이철학 관련 단체 소개	- 189

세인트메리음악학교의 철학토론반 친구들
안드레아, 다니엘, 폴, 도널드, 에스더, 마틴, 닐, 리처드를 기억하며

서문

나는 오랫동안 미국을 비롯한 여러 나라에서 아이들과 함께 대화를 나누었는데, 그때마다 그들의 재치와 유머에 자주 경이로움을 느끼곤 했다. 어떤 아이의 질문은 나를 깜짝 놀라게 했고, 또 어떤 질문은 당황하게 만들기도 했다. 돌이켜보니 아이들과의 대화를 통해 많이 배울 수 있었다. 그래서 아이들에게 고마운 마음이 든다.

하지만 솔직히 내게 아이들과 함께 질문을 하고 그 수수께끼를 풀어 가는 과정이 쉽지만은 않았다. 때론 혼란스럽기도 했고, 가끔은 짜증과 분노가 일기도 했다. 그래서 매튜스와 아이들이 대화하는 글을 읽으면서, 답답하고 어려웠던 시간이 떠오르기도 했다.

솔직히 나는 아이들과 대화(dialogue)하는 것에 회의적인 편이었다. 어른과 아이의 대화가 가능한 것인지, 지적으로나 도덕적으로 어떤 의미가 있는 것인지, 심지어 아이들이 도덕적 성찰이나 분석은 고사하고 관찰한 것을 제대로 표현할 수는 있는지 자주 의심했다. 그러나 매튜스는 그의 첫 번째 책인 『어린이와 함께하는 철학 (Philisophy & the young child)』(1984)에서 대화를 통해 아이들과 철학할 수 있다는 것을 보여 주었다.

하지만 여전히 대부분의 부모와 교사들은 그의 말에 동의하지 않는다. 발달심리학자의 권위 있는 이론에 의지하여 매튜스의 의견을 노골적으로 무시하기도 한다. 과연 이런 상황에서 매튜스는 아이들과의 철학적 대화 가능성을 어떻게 설명하고 있는가?

매튜스는 『어린이와 함께하는 철학』에서 이 질문에 대해 답해 보려고 시도했다. 그는 어린이와 철학적 대화를 하려면 '어린이 발달'이나 '도덕 발달' 이론가들과는 다른 시선으로 봐야 한다고 주장했다. 발달심리학자들은 매일 아이들과 직접 만나 편안하게 대화를 나누기보다 아이들을 평가하기 위해 날카로운 질문을 던지고 과제를 수행하게 한 다음 점수를 매긴다. 그러나 매튜스가 비판한, 이론가들의 이러한 태도는 솔직히 내가 연구할 때의 모습이기도 해서 나는 매튜스의 비판을 마주하기가 꽤 불편했다. 이런 회의감이 들 때마다 나는 학교 교사인 아내와 함께 대화를 나누곤 했는데, 아내도 내 생각과 비슷했다. 학교에서 가끔 통찰력 있는 아이들의 말을 듣기는 하지만, 대부분의 아이들은 그렇지 않다는 것이다. 이렇게 나는 아이들이 철학적 대화를 할 수 있다는 것을 의심하고 있었다.

그러다가 나의 연구 과정에서 가장 중요하고 의미 있었던 사건이 1960년대에 이르러 일어났다. 여섯 살 흑인 소녀와의 만남이었는데, 이 소녀는 흑인과 백인이 함께 다니는 뉴올리언스 초등학교에 다니고 있었다. 당시 등굣길에는 흑백통합교육을 반대하는 사람들의 위협적인 시위가 늘 벌어지고 있었다. 소녀는 말로는 다 표현할 수 없는 증오와 위협, 모욕을 견디면서 학교에 다녀야만 했다. 이 소녀의 등교를 보호하기 위해 동행하는 연방 경찰관마저 공공연하게 적개심을 드러내 무척 위태로워 보였다. 우리는 조만간 이 소녀가 더 이상 견디지 못하고 등교를 포기할 거라 생각했다. 하지만 이 소녀는 백인 부모들의 반대로 학교가 문을 닫을 때까지 꼿꼿이 고개를 들고 학교에 다녔다. 자신을 괴롭히는 사람들 사이를 헤쳐 걷는 모습은 연방 판사, 학교 교사, 교장 그리고 우리 모두를 놀라게 했다. 뿐만 아니라 소녀는 자신을 비난하는 사람들을 위해 기도하고 싶다고 말해서 우리를 모두 혼란에 빠뜨렸다. 내가 "왜 너를 비난하는 사람들을 위해 기도하겠다는 거니?"라고 물었을 때, 소녀는 작지만 분명한 목소리로 "그 사람들은 기도가 필요하니까요."라고 대답했다. 더 구체적으로 말해 달라고 부탁하자, "예수님께서 우리에게 그런 사람을 불쌍히 여기라고 말씀하셨기 때문이에요." 소녀의 답변을 듣고 나서 나는 다시 물었다. "예수가 어디에서 그렇게 말했지?" 소녀가 한 말의 근거, 즉 성경 해석의 과정을 물었던 것이다. 소녀는 주저하지 않고 대답했다. "예수님은 죽어 가면서 하나님께 자신을 죽이려 하는 사람들을 용서해 달라고 말씀하셨어요. 예수님의 그 말씀에서 제가 지금 해야 할 일을 찾은 거예요."

지금에서야 비로소 나는 이 소녀가 자기가 처한 상황을 살피고 자기 삶을 돌아보면서 한 말이라고 여기지만, 그 당시의 나는 그렇게 생각하지 못했다. 사실 지금도 그 소녀가 어른들의 말을 흉내 낸 것은 아닐까 하는 생각을 지우지 못하고 있다. 분명한 것은 내가 그 당시에 소녀의 말을 존중하지 못했다는 것이다.

이 책에서는 그 뉴올리언스의 소녀가 했던 방식으로 말하는 아이들이 등장한다. 이 소녀는 보고 들은 것을 곰곰이 생각하고, 마음속에서 질문하고 성찰하며 자신이 어떻게 살아야 하는지 생각했다. 소녀는 자신을 위협하는 사람들이 정말 끔찍했겠지만, 성경에서 예수도 이런 일을 겪었다는 것을 기억했다. 그리고 가능한 한 그의 모범을 따르려 결정했고, 그대로 행동했던 것이다.

이 책에 등장하는 아이들도 그렇다. 그들은 '인류'의 일원으로서 자기 삶의 의미를 열심히 추구한다. 아이들은 여느 어른들보다 더 끊임없는 호기심, 활기찬 상상력, 더 나은 생각으로 나아가고자 하는 에너지를 가지고 꾸준히 생각하고 있다. 그리고 그것을 담아낼 적절한 언어를 찾아 표현하려고 노력하며, 자신들이 가진 생각을 다른 이들과 소통하길 원한다.

매튜스가 말했듯이, 아이들은 더 나은 이해를 위해서 재치 있고 도발적인 질문을 기꺼이 던진다. 주변 어른들이 더 이상 내 생각을 듣고 싶어 하지 않는다는 것을 깨닫기 전까지, 아이들은 지적이든 도덕적이든 자신이 궁금한 것을 이해할 때까지 진지하게 질문을 계속한다. 따라서 이 책에 나오는 아이들의 대화가 백만분의 일 정도로 드문 이야기는 아니다. 아이들의 생각을 기꺼이 들으려고만 한다면, 어떤 부모나 교사들도 일상적으로 경험할 수 있는 대화이다.

만일 우리가 잠시 멈춰 서서 삶의 의미를 찾아가는 아이들을 기억하고, 아이들의 생각을 알아차리고, 아이들이 제안한 대화에 기꺼이 참여한다면, 분명 우리의 삶에 아이들의 말이 다시 들려오게 될 것이다. 그리고 아이들은 자신의 목소리를 가지고 살아가게 될 것이다.

— 로버트 콜스[1]

---

[1] 로버트 콜스(Robert Coles)는 소아정신과 의사이자 하버드대학교 교수이다. 대표작으로 『The Moral Life of Children』과 『Children of Crisis』가 있으며, 한국에 번역되어 소개된 『도덕지능 MQ』와 『하버드 문학 강의 :문학의 사회적 성찰』도 그의 책이다. 그는 주로 아이들의 삶에 대한 탐구와 그들의 도덕적·정치적·영적 감수성을 탐구했다.

감사 인사

이 책은 국립인문학재단의 연구비로 집필된 것이다. 의미 있는 작업을 할 수 있도록 지원해 주어서 감사하다. 여기 실린 글의 일부는 1983년에 낸 『현상학과 교육학』 1권과 비비안 팰리의 『생각하기』 3권에서 가져온 것이다. 그 자료들을 사용할 수 있도록 허락한 편집자들에게 감사의 마음을 전한다.

나에게 중요한 일화를 전해 준 에드워드 위링가에게 감사드린다. 이 책을 쓰는 동안 친절하고 따뜻한 환대를 보여 준 에든버러대학의 인지과학연구소와 소장님에게도 감사드린다. 또한 세인트메리음악학교 엘리슨 교장 선생님과 선생님들의 다정한 협력이 없었다면 이 책은 나올 수 없었을 것이다. 감사하다.

아이들과의 철학적 대화

들어가면서

아이들과 대화한다는 것은 새삼스러운 일이 아니다. 우리는 부모, 조부모, 교사, 혹은 이웃으로서 항상 아이들과 이야기를 나눈다. 때때로 그 목적은 실용적이다. 깨끗하게 씻고, TV 보는 시간을 줄이고, 외출한 후에는 옷을 갈아입으라고 말한다. 때로는 교육적이기도 하다. 끈 묶는 법을 가르쳐 주거나, 문법이나 단어의 뜻을 알려 준다. 사회적인 목적으로 말하기도 한다. 어른을 공경하거나 또래 친구들과 사이좋게 지내라고 말하는 것이다.

우리가 심리학자라면, 특정 연령대의 아이들이 어떻게 행동하는지를 알아보기 위해서 아이들과 대화할 것이다. 그리고 아이들의 말을 통해 아이들이 어떻게 성장하고 있는지, 특히 특정 연령대의 아이들이 정상적으로 발달하고 있는지, 그렇지 못하다면 그 이유는 무엇인지를 알아내려고 할 것이다. 우리가 교사나 부모라면, 아이들의 발달이 예정대로 이루어지고 있는지 알아보기 위해 아이들과 이야기할 수도 있다.

우리는 아이들과 이야기할 때, 대개 심각하거나 다루기 어려운 문제는 피한다. 성숙하고 경험 많은 어른에게도 어려운 문제를 어떻게 어린아이들이 다룰 수 있겠는가? 더구나 아이들이 왜 그런 문제에 관심을 가지겠는가? 아이들에게는 '그들의 수준'에서 생각할 일도 많지 않은가? 혹시 어른이 제대로 된 답을 알지 못한다거나 어디서 답을 찾아야 할지도 모른다는 것을 아이들이 알게 된다면, 불안해하고 화를 내지 않을까? 부모나 교사가 모든 문제에 대해 답을 알고 있다고 믿는 것이, 설령 그 답이 틀렸더라도, 아이들의 정서적 안정에 중요하지 않을까?

대부분 어른에게 위의 질문은 그저 수사에 지나지 않을 것이다. 당연하다고 생각하고 행동할 것이다. 이제 다른 생각도 만나 보자.

이 책 『아이들과의 철학적 대화』에 대해, 어떤 독자는 내가 인지발달론을 지지하거나 비판하는 증거를 제시하는 게 아닌가 하고 여길 수 있다. 실제로 나는 뒤에서 아이들과의 대화와 인지발달론의 관계를 논할 것이다. 그렇지만 이 대화의 기록이 심리학적 발달이론을 위한 자료는 아니다.

어떤 독자는 이 책이 아이들과 재미있게 철학적 대화를 나누는 방법에 대한 책이라고 생각할 수 있다. 물론 교사나 부모가 이 책의 방법으로 아이들과 대화를 더 잘할 수 있다면 기쁠 것이다. 그러나 대화의 기술을 강조하다 보면 잘못된 길로 빠질 수 있다는 것을 기억하기 바란다.

이 책의 목표는 다음과 같다. 첫째는 어른들이 아이들과 함께 의미 있게 생각해 볼 수 있는 다양한 질문들에 관심을 가지고 대화할 수 있게 하는 것이다. 이런 질문들은 결코 철학자만의 전유물이 아니다. 둘째는 독자들이 평소와 다른 방식으로 아이들과의 관계를 맺을 수 있도록, 그 가능성을 최대한 흥미롭게 보여 주는 것이다. 그러기 위해서는 아이들을 어떤 주제에 관한 실험 대상자로 여기거나, 일방적으로 가르침이나 돌봄을 받아야 하는 대상으로 바라봐서는 안 된다. 이 책에서 우리는 서로를 존중하며, 대등하게 대화로 풀어갈 수 있는 관계로 만났다. 물론 나는 아이들과 함께 실험하거나, 아이들을 가르치거나, 아이들의 복지를 돌보는 일의 가치를 폄하하고 싶은 생각은 없다. 이러한 일은 무척 필요하고 소중한 일이다.

나는 그동안 진지하게 고려되지 않았거나 심지어 사람들이 잘 생각해 보지 않았던 '아이들과의 철학적 대화' 가능성에 대해 말하고자 한다. 이 책은 상호 존중의 관계 속에서 아이들과 함께 철학의 순수하고 심오한 질문에 대해 함께 이야기 나눈 기록들이다. 이 책을 통해, 아이들이 어른들의 중요한 질문에 대한 성찰에 도움을 줄 수 있으며, 아이들의 기여가 어른들의 기여만큼 가치 있다는 것을 독자들이 확신할 수 있기를 바란다.

행복

꽃도 행복할 수 있나요?

"게티 이모네 꽃이 행복하대." 프레디가 말했다.

"꽃은 행복할 수 없어." 구석에 앉아 있던 앨리스가 콘플레이크를 먹으면서 말했다. "게티 이모는 꽃을 사람이라고 생각하고 말하는 걸 좋아하시는 거야. 하지만 꽃은 느낌이 없어. 꽃이 목마르거나 슬프거나 행복해하지는 않아."

"정말 그래요, 엄마?" 실망한 표정으로 프레디가 물었다.

"게티 이모랑 직접 이야기해 보지 그러니? 이모가 우리보다 꽃에 대해 더 많이 알고 계실 거야." 엄마가 대답했다.

나는 이렇게 시작하는 이야기를 1982년 10월, 여덟 살에서 열한 살까지의 아이들로 구성된 철학토론반을 위해 만들었다. 그들은 모두 스코틀랜드 에든버러에 있는 세인트메리음악학교의 학생들이다. 나는 그때 에든버러의 인지과학연구소에서 학술 연구를 하고 있었다. 나의 연구 프로젝트는 유년기에 대한 이해 및 인간 발달 양상, 특히 인지발달에 관한 것이었다. 나는 친절하면서도 지적인 자극을 주는 좋은 동료들(심리학자, 언어학자, 공학자, 철학자)과 함께 일했는데, 아쉽게도 모두 어른들이었다. 내 연구는 어린이들에 관한 것이었으며, 유년기를 어떻게 이해해야 하는가를 다루고 있었다. 그 때문에 나는 직접 아이들을 만나 그들의 사고 과정을 연구하고 싶었다. 하지만 아쉽게도 나의 자녀들은 모두 열다섯 살이 지났고, 내 주위에는 어린아이가 없었다.

나는 세인트메리음악학교의 엘리슨 교장 선생님을 찾아갔다. 그 학교는 음악에 재능이 있는 아이들을 위한 소규모 초중등학교였다. 나는 일주일에 한 번 정도 학교에 가서 초등 아이들과 토론 수업을 할 수 있을지 물었다. 교장 선생님은 나에 대해 알아보고 나서, 일주일에 한 번 학생들을 만나 수업할 수 있도록 허락해 주었다. 이렇게 철학토론반 수업은 시작되었다. 나는 아이들과 함께 토론하고 그것을 바탕으로 철학 이야기를 마무리하는 수업 계획을 세웠다.

꽃이 행복할 수 없다는 앨리스의 말은 아이들 사이의 논쟁을 이끌기 위한 것이었는데, 다행히 아이들이 관심을 보였다.

아이들은 꽃이 목마름을 느낄 수 있다는 것에 모두 동의했지만, 과연 꽃이 행복할 수 있는가 하는 질문에는 다양한 의견을 냈고, 이에 대해 좀 더 이야기를 나누고 싶어 하는 것 같았다.

그래서 내가 질문을 시작했다.

"왜 꽃들이 행복할 수 없다고 생각해요?"

"꽃은 마음을 갖고 있지 않으니까요." 곧바로 다니엘이 분명한 말투로 말했다. 다니엘은 가장 어린 학생이었다.

"또 다른 이유가 있나요?" 나는 계속 물었다.

"꽃은 느끼지 못해요." 또 다니엘이 대답했다.

그때 열 살인 폴이 끼어들었다. "나는 어떤 식물을 알아요. 그러니까 그 식물은요, 잎을 오므려서 파리를 잡아먹어요."

나는 그 식물의 이름을 아는 사람이 있는지 물어보았다.

"파리지옥이에요." 누군가가 대답했다.

우리는 잠시 파리지옥에 대해 이야기를 나눴다.

"뭔가 닿으면 잎을 오므려요." 아홉 살인 이즈가 말했다.

"나비랑 비슷하게 생겼어요." 제일 나이가 많은 열한 살 에스더가 말했다.

"하지만 나비는 반사작용 같은 거 안 해요. 파리지옥은 스프링처럼 만지면 팍 오므라들거든요." 에스더의 말에 폴이 이의를 제기했다.

나는 아이들에게, 만일 파리지옥 같은 식물이 반사작용을 한다면, 그런 식물은 뭔가 느낌을 느끼고 반응하는 것이 아닌지 물어보았다.

"어떤 식으로든 식물에게는 감각이 있어요. 파리지옥도 몸을 감아올리면서 자라는데, 그걸 보면 어떤 감각이 있다고 할 수 있어요." 에스더가 답했다.

토론이 진전되어, 꽃이 서로 의사소통을 할 수 있는지까지 이르렀다.

"나는 식물도 서로 말을 주고받을 수 있다고 생각해요. 전자파처럼 뭔가 식물들만의 언어로 이야기하는 거지요. 아니면 식물에서 식물로 옮겨지는 꽃가루로 이야기할 수도 있어요." 폴이 의견을 냈다.

나는 행복할 수 있는지와 말을 할 수 있는지가 서로 관계가 있는지 물었다. 아이들은 분명히 언어가 기분을 나타내는 데 중요하다고 생각하는 듯했다. 그러나 그들은 곧 기분이 언어 말고 다른 방식으로도 나타날 수 있다고 덧붙였다.

"꽃을 활짝 피우는 것도 식물이 자신이 행복하다는 것을 보여 주는 한 가지 방법이 아닐까요?" 폴이 말했다. 그러자 아이들은 기분이나 느낌을 표현하는 몸짓에 대해서도 토론하기 시작했다.

"하지만 사람이 고개를 숙이고 있다고 해서 그게 슬프다는 건 아니잖아요. 기분이 나쁠 때도 고개를 숙여요." 이즈는 꽃들이 고개를 떨어뜨린다고 해서 불행한 것이냐고 반론을 제기했다.

"식물에도 뇌가 있어요?" 다니엘이 질문했다. 나는 다니엘에게 아주 좋은 질문이라며, 식물에게 뇌가 있는 것과 식물이 행복하다는 것이 어떻게 관련되는지 다시 물었다.

"뇌 없이는 슬프거나 행복하다는 걸 알 수 없거든요. 뇌가 없으면 사람들이 존재한다고 할 수도 없어요." 열 살 마틴이 말했다.

마틴의 두 번째 문장을 듣자, 내 안에서 삶과 죽음에 대한 수많은 질문이 생겨났다. 예를 들어 뇌 기능이 손상되었을 때, 어떤 기준으로 인간의 죽음을 결정해야 할 것인지, 그리고 제대로 기능을 하지 못하는 뇌를 가진 태아도 인간이라고 여겨야 하는 것인지에 대한 문제 말이다. 그러나 그 문제는 꺼내 보지도 못한 채 토론이 계속되었다.

"난 식물이 스스로 '나는 행복해, 나는 슬퍼'라고 말할 수는 없다고 생각해요." 폴이 말했다. "식물은 일종의 기계처럼 움직이잖아요. 그러다가 힘이 약해지면 멈추는 거예요. 영양분이 더 필요하다는 거지요."

"꽃은 눈을 가지고 있나요?" 다니엘이 물었다.

"아니!" 아이들이 대답했다.

"하지만 꽃 안에는 눈과 비슷한 것이 있어요." 다니엘이 주장했다. 그는 꽃자루에 있는 암술과 수술이 꽃의 눈이라고 생각하는 듯했다.

"아! 쐐기풀! 쐐기풀은 자신에게 위험이 닥칠 것을 미리 감지하고 자기를 보호하려고 해요." 폴도 식물이 주위를 둘러보며 산다고 생각했다.

토론 시간이 금세 끝났다. 꽃이 행복할 수 있는가에 대해 충분히 다루지 못했지만, 이와 관련된 여러 문제를 제기하고 살펴본 것이 인상적이었다. 나는 오늘 수업 중에 아이들이 말한 것을 최대한 반영하여, 이 이야기의 결론을 지어 다음 수업에 가져오겠다고 약속했다. 아이들은 게티 이모가 앨리스에게 뭐라고 말했을지 함께 고민했고, 각자 적절한 이유를 대며 다양한 의견을 제안해 주었다.

나는 집에 가서 녹음한 토론 내용을 들으며 아이들의 이야기를 옮겨 적었다. (토론 녹음은 공식적으로 허락 받았다.) 사실 아이들의 이야기를 활용하는 것은 어렵지 않았다. 문제는 토론 시간이 부족해서 명확한 결론을 내리지 못했기 때문에, 내가 이 이야기를 어떻게 끝내야 할지 모르겠다는 것이었다. 그래서 나는 아이들의 의견을 바탕으로 스스로 결론을 내려야 했다. 나는 아리스토텔레스의 『니코마코스 윤리학』에 나오는 에우다이모니아(Eudaimonia)에 대한 논의를 가져와 식물에 적용했다. 아리스토텔레스나 다른 학자들이 이 적용을 비판할 수도 있겠지만 이 이야기의 끝은 이렇다.

프레디는 꽃이 행복을 느낄 수 있는지 정말 궁금했다. 그래서 게티 이모에게 직접 물어보기로 했다.

"이모, 국화꽃이 행복하다는 것을 어떻게 알 수 있어요?"

"저기 국화꽃을 보렴. 꽃이 얼굴을 들고 환하게 웃고 있잖아."

"이모, 그건 이모가 꽃을 사람처럼 생각하고 말하는 거잖아요. 꽃은 <u>스스로</u> 행복을 느낄 수 없어요." 앨리스가 시큰둥하게 말했다.

"앨리스, 너는 행복이 느낌이라고 생각하니? 네 몸속으로 퍼져 나가는 따뜻하고 부드러운 느낌 같은 것 말이야." 이모가 의자에서 몸을 일으키며 말했다.

"그런 건 잘 모르겠어요."

"만약 행복이 추운 날 마시는 따뜻한 핫초코가 목으로 넘어갈 때의 느낌이라고 한다면, 아마도 꽃들은 행복을 느끼지 못할 거야." 게티 이모가 뒤로 물러서는 듯 말했다. "우리가 가진 감각을 꽃이 갖고 있진 않을 테니까. 하지만 네가 행복했던 시간을 생각해 보렴. 아마 네가 좋아하는 일을 하고 있을 때도 행복했을 거야. 합창을 멋지게 해내거나, 게임이 잘될 때 말이야. 그럴 때 너는 감각적으로 행복을 느끼는 게 아니야. 너의 행복은 네가 잘하는 일을 너의 온 힘을 다해서 하는 바로 그 자체야. 꽃들도 햇빛을 향해 머리를 높이 들고 자신이 가진 모든 힘을 다해서 꽃송이를 피워 내고 있어. 뿌리가 충분하게 물을 빨아들이며 활기차게 꽃을 피우지. 바로 그게 꽃에게는 행복이야."

프레디는 게티 이모의 말을 찬찬히 생각해 보았다. 지난 크리스마스에 성가대에서 찬송가를 불렀을 때 프레디는 행복했었다. 그 노래가 왜 좋았는지 이유는 모르겠지만 참 행복했다. 그 행복은 따뜻한 느낌은 아니었다. 만약 행복이 난로의 따뜻한 기운이었다면, 행복해지기 위해 불 옆에 가면 될 것이다. 하지만 행복은 그런 것이 아니다.

게티 이모가 말씀하셨듯이, 모든 살아 있는 것들에게 행복이란 '자신이 가진 모든 힘을 다해 자기 일을 해내는 것'일지도 모른다. 그런 면에서 꽃은 꽃을 잘 피워 내는 것이 행복일 것이다.

다음 시간에 우리는 완성된 이야기를 함께 읽었다. 행복해지기 위해서 불 옆에 간다는 부분에서는 아이들 몇 명이 낄낄거렸다. 우리 토론반 교실에는 난로가 있었다. 에든버러의 혹독한 추위를 견디기 위해서는 난로가 꼭 필요했다. 하지만 그 난로가 우리의 행복을 보장해 주진 못했다.

나는 이야기 속에 성가대 이야기를 넣었다. 아이들 모두 세인트메리 성공회 대성당의 성가대에 속해 있었기 때문이다. 악기를 연주하는 아이들도 있어서 이야기 속에서 성가대를 언급한 것이 적절했는지는 잘 모르겠다.

나는 아이들에게 이야기의 결말에 대해서 어떻게 생각하는지 물었다. 아이들 대부분은 "좋아요!"라고 대답했고, 다니엘은 신이 나서 활짝 웃으며 "훌륭한 결론이에요!"라고 말했다.

그러나 한참 생각에 잠겨 있던 도널드는 이 결말이 만족스럽지 않다고 말했다. 도널드가 우물거리며 작은 목소리로 말해서 처음엔 잘 알아들을 수 없었다. 그래서 다시 한번 말해 달라고 부탁했더니 도널드가 말했다.

"이야기는 참 멋져요. 하지만 여전히 궁금한 게 많아요. 이해가 안 되거든요. 꽃은 행복할 수 있고, 햇빛이 비칠 때 꽃들이 행복하다는 게티 이모 말씀이 맞을 수도 있어요. 하지만 어떻게 마음 없이 행복할 수 있어요? 마음 없이 행복해질 수 있다는 것이 가능한 일일까요?"

도널드는 내가 그 질문에 답해 주거나 문제를 해결해 주길 바라는 것 같지는 않았다. 그 대신 그 문제를 자기 것으로 여기고, 그 질문을 품고 답을 찾기 위해 애쓸 것이다. 생각에 푹 빠진 아이의 모습은 참 아름다웠다.

소원/욕망

식물도 소원이 있을까요?

〈꽃도 행복할 수 있나요?〉는 세인트메리학교 학생들과 함께 쓴 첫 번째 이야기다. 첫 번째 이야기의 주제를 식물의 행복으로 선택한 데에는 특별한 이유가 있다. 한 해 전에 매사추세츠주 보스턴에서 성인들을 대상으로 '철학과 어린이'라는 강의를 했는데, 참여자들은 대부분 학교 교사였다. 어느 날, 나는 비비안 팰리의 『월리 이야기(Wally's stories)』에 나오는 두 유치원생의 대화 일부를 들려주었다.

리사: 식물도 아기 식물을 갖고 싶어 할까요?

디아나: 아니요, 그런 소원은 사람만 가질 수 있어요. 대신 신은 식물에게 다른 소원을 심어 주었어요.

교사: 어떤 소원이죠?

디아나: 식물은 예쁜 꽃이 피어나길 바라요. 만약에 여기에 예쁜 빨간 꽃이 있다면, 그건 신이 그 꽃 안에 예쁘고 빨간 꽃이 되고 싶은 소원을 넣어 준 거예요.

교사: 선생님은 사람들만 생각(idea)을 가질 수 있다고 생각하는데요?
디아나: 식물도 가질 수 있어요! 앞으로 자기가 어떻게 자랄지를 식물이 알게, 신이 식물 속에 작은 생각을 넣은 거예요.
리사: 우리 엄마는 나같이 예쁜 아이를 가지고 싶다는 소원을 가졌었대요. 그런데 내 생일날에 내가 딱 왔대요.

나는 강의에 참여한 분들께 리사와 디아나의 대화를 어떻게 더 이어 갈 수 있을지 짧은 글을 써 보자고 제안했다. 나는 그들이 아이에 대해 표면적으로만 이해하지 않기를 바랐다. 나와 오랜 시간 함께한 수강생들도 내 바람을 잘 알고 있었다. 나는 이 과제를 통해 그들이 식물도 생각(idea)이나 소원(wish)을 가질 수 있는가에 대해 아이들과 함께 토론하는 일을 상상해 보길 원했다. 하지만 그들 대부분은 미신을 멀리해야 한다고 생각했다. 신비나 의인화를 통한 애니미즘을 아이들에게 가르칠 수는 없으며, 이런 생각에서 벗어나도록 교육하는 것이 교사의 의무라고 생각했다. 그들은 성숙한 생각을 가진 사람에게는 식물이 생각이나 소원 같은 걸 가질 수 없다는 사실이 명백하기 때문에, 아이들이 이러한 사실을 제대로 알도록 '교육'해야 한다고 생각했다.

나는 그들이 제출한 과제에서 식물도 아기 식물을 원한다거나, 신이 식물에게 어떤 소원을 심어 주었다는 아이들의 대화에 거의 공감하지 못한다는 것을 발견했다. 하지만 나에게 이 두 개념은 매우 시사적이고 흥미로운 것으로, 그 개념들을 성찰하는 것은 식물의 본질과 그에 대한 우리의 앎을 좀 더 명확하게 살피는 데 좋은 방법이라고 생각했다. 하지만 이러한 나의 흥미와 관심은 성인 수강생들에게 아무런 공감을 얻지 못한 채, 냉랭한 반응으로 돌아온 것 같았다. 나는 무척 실망했지만 낙담하진 않았다.

나는 다시 '소원'에 집중하면서, 세상을 이해하는 데 이 개념이 아주 중요하다는 것을 설득하고자 했다. 욕망(desires)은 우리에게(심지어 전문가들에게도) 매우 혼란스러운 개념이지만, 이것 없이는 세상을 이해하기가 어렵다고 말했다.

하지만 나의 노력은 거의 실패로 돌아갔다. 수강생들은 식물이 어떤 욕망을 갖는다는 점에 대해 아무런 관심도, 별다른 문제도 제기하지 않았다. 그들은 사람이 자신의 욕망을 표현하는 것과 식물이 씨앗을 만들거나 뿌리를 더 깊게 내리는 것 사이에 어떤 유사점이 있다는 것은 인정했으나, 문자 그대로의 의미에서 식물은 '욕망'을 가질 수 없다는 것이 명백한 '사실'이라고 여겼다. 게다가 아이들에게 이 명백한 사실을 가르치는 것이 중요하다고 강조했다.

나는 그 수업에서 상당한 좌절감을 느낀 채 집으로 돌아왔다. 실망감 속에서 한 편의 대화록을 썼고, 각 대화에는 수강생들의 이름을 붙였다. 그리고 다음 모임에서 그 대화록을 나누어 주며, 각자 배역을 맡아 공연하듯 읽어 보자고 제안했다.

나: 과연 식물에게도 아기 식물을 갖고 싶다는 소원이 있을까요?

제인: 우리 집에는 햇빛을 많이 받고 싶어 하는 식물과 그늘을 원하는 식물이 있어요.

진: 그건 그냥 그렇게 말한 거지, 실제로는 음지에서 더 잘 자라는 식물이 있고, 양지에서 더 잘 자라는 식물이 있는 거잖아요.

다이앤: 하지만 가끔은 식물도 무엇인가 하기를 원해요. 예를 들면 우리 집 나팔꽃은 배수로에 닿을 때까지 벽을 타고 자랐어요. 줄기를 구부리고 이리저리 흔들면서 더 높이 올라가려고 했지요. 나팔꽃은] 더 높이 자라고 싶은 거예요.

피터: 그건 그냥 위로 올라가게 하는 일종의 호르몬 때문이에요.

신디: 내 친구는 두통이 심해서 약을 먹어야 했어요. 그런데 그 약에는 먹으면 식욕이 커지는 부작용이 있었대요. 두통 때문에 약을 먹었는데, 그 약 때문에 식욕이 커진 거지요. 그 친구는 정말로 음식을 계속 먹고 싶어 했어요.

피터: 음식을 정말로 많이 먹고 싶어 했다고요?

신디: 네. 그 친구는 살찌는 것을 원하지 않았어요. 그런데도 계속 배가 고프다면서 뭔가를 먹었지요.

나: 두 개의 욕망이 충돌하는 거군요. 음식을 먹고 싶은 마음과 살찌고

37

싶지 않은 두 욕망이요. 그렇다고 둘 다 진짜가 아니라고 할 수는 없겠죠?

데이비드: 우리가 식물에 대해 말할 때는 '소원' 대신에 '경향'이라고 말하는 것이 낫지 않을까요? 나팔꽃은 위로 자라는 경향이 있어서 뻗을 것이 있다면 무조건 위로 자라는 거죠.

베티: 사람한테도 그렇게 말할 수 있을까요? 사람들도 배가 고플 때 주위에 먹을 것이 있으면 먹으려고 하는 경향이 있다고 말이에요.

존: 하지만 사람에게는 그 이상의 것이 있어요. 사람들은 자신이 원하는 것을 말할 수 있으니까요.

샐리: 보통은 그렇죠. 하지만 때때로 사람들은 자신이 원하는 것을 모르기도 해요. 그걸 알기 위해 '정신과 의사'를 찾아가야 할 때도 있고요.

일레인: 어린 아기는 어떤가요? 제 아기는 젖을 먹고 나서 서너 시간 후에 울면서 배고픔을 표현해요. 울지 않고서는 그것을 표현할 수가 없어요.

마리: 우는 것은 누군가에게 배가 고프다는 것을 알리는 방법이에요. 아기가 자라면서 다른 방법도 배우겠지만, 우는 것도 하나의 표현 방법이에요.

린다: 그렇다면 식물이 시들어 잎을 오므리는 것도 물을 더 달라고 말하는 방법이 아닐까요? 물론 식물은 자라도 다른 방법을 배우지 못하겠지만, 잎이 시들어 오므라드는 것은 자신이 목마르다는 것을 누군

가에게 알리는 방법일 수도 있잖아요.

샤리: 진화론적인 관점에서 보면 서로 비슷하다고 볼 수도 있어요. 물이 없어 시들고 있는 식물은 보살핌을 받지 못하면 결국 말라 죽게 되고, 더 이상 번식하지 못하게 되겠죠. 그와 마찬가지로 아기가 배고프다고 크게 소리쳐 울지 않는다면, 제때 먹을 것을 얻어먹지 못하게 될 거예요.

빌리진: 하지만 우리가 갓 태어난 아기의 욕망에 대해 이야기할 수 있는 가장 중요한 이유는 아기가 자라서 자신의 욕망에 대해 이야기할 수 있는 성인이 될 것임을 알기 때문입니다. 그 성장 과정은 자연스럽고 연속적이기 때문에, 아이가 처음으로 욕망을 갖는 시점이 언제인지를 단정하는 것은 자의적으로 보입니다.

나: 물론 인간 개인의 발달(개체 발달)과 인류의 진화론적 발달(계통 발달) 사이에는 유사점이 있습니다. 계통학적 척도는 상당히 연속적인 과정을 가지고 있어서, 그 선상에서 실제 욕망이 최초로 발생한 지점을 고르는 것은 자의적이고 임의적인 것처럼 보일 수 있습니다. 침팬지의 어떤 행동은 사람의 욕망에서 나오는 행동과 꽤 비슷해 보입니다. 개들의 어떤 행위는 침팬지가 욕망을 표현하는 행동과 비슷하기도 합니다. 개구리의 어떤 행동은 개의 욕망 표현과 비슷하기도 하고요. 이렇게 유사성은 미생물을 거쳐 식물에 이르기까지 모든 진화 과정에서 나타납니다. 그렇다면 여러분은 어떻게 생

각하세요? 식물도 아기 식물을 갖고 싶은 욕망이 있는 거라고 말할 수 있을까요?

마이클: 멋진 생각이네요.

다운: 그것에 대해 시를 쓸 수 있을 것 같아요.

나: 여러분은 정말 식물에게도 그런 소원이 있다고 생각하나요?

리처드: 글쎄, 부분적으로는 그렇고 부분적으로는 그렇지 않을 것 같습니다.

나: 어떤 점에서 그렇고, 어떤 점에서 그렇지 않다고 생각하나요?

리처드: 그건 참 어려운데요.

수강생들은 자기 대사를 열심히 낭독했고, 그 후 간단한 토론이 이어졌다. 그들은 이야기 속에서 의아한 점 한두 가지를 지적했다. 예를 들어, 한 수강생은 식물이 물이 필요할 때 잎을 오므리는 경향이 있다고 해도, 그 주변에 그것을 알아차리고 물을 주는 존재가 없다면, 적응에 유리할 것도 없다고 말했다. 나도 이에 동의했다.

어쩌면 이 대화록을 통해 '식물도 소원이 있을까?'라는 질문에 처음보다 좀 더 관심이 생긴 수강생이 생겼을지도 모르겠다. 하지만 나의 이 교수법은 효과가 거의 없었다. 왜냐하면 참여했던 교사와 예비 교사 중에 누구도 이 대화록을 통해 욕망이 매우 난해한 개념이라고 여기지 않았기 때문이다. 또한 어떤 존재가 '진짜' 욕망을 가질 수 있는지를 파악하는 데에는 엄청난 장애가 있다는 사실에도 주목하지 않았다.

나는 1장과 2장에서 두 그룹(스코틀랜드 에든버러의 아이들 7명과 매사추세츠 보스톤의 성인 20명)의 토론을 소개했다. 이 토론에는 공통점이 많다. 둘 다 행복과 욕망이라는 어려운 정신적 개념을 주제로 삼았으며, 식물에 정신적 생명을 부여하는 것에 대해 커다란 의구심을 표현했다.

에든버러의 도널드가 꽃이 행복할 수 있는지에 대한 토론에서 "꽃은 물리적으로 살아 있는 거지, 정신적으로 살아 있는 게 아니에요."라고 했던 말은 이 두 그룹의 입장을 대변하고 있다.

그러나 두 토론의 내용에는 한 가지 다른 점이 있었다. 어른들은 말 그대로 사실인 것과 비유나 은유로만 말할 수 있는 것을 구분했다. 예를 들어 그들은 식물이 아기 식물을 원한다고 은유적으로 말할 수는 있지만, 실제로는 그렇지 않다고 했다. 그런 점에서 아마 그들은 꽃이 행복하다고 은유적으로 말할 수는 있지만, 실제로 행복하다고 말할 수는 없다고 했을 것이다.

사실과 비유의 차이점에 주목한다는 건 지적으로 상당히 성숙한 상태이다. 그러나 때로는 그 성숙이 겉보기에만 그렇고 실제로는 착각일 때가 있다. 이번 경우도 그렇다. 어른들은 '욕망'을 갖기 위해 유기체에 필요한 것이 무엇인지를 살피지 않았다. 더군다나 식물이 욕망을 갖는다고 비유적으로 말할 수 있는 이유가 식물의 어떤 점 때문인지도 탐색하지 않았다. 은유적 적용의 근거뿐 아니라 '욕망'이라는 말 자체의 의미를 명쾌하게 이해하지 않고서는, 식물이 아기 식물을 갖고 싶어 한다는 것이 단순한 비유에 지나지 않는다고 단언할 수 없다.

반면에 아이들은 어른보다 상상력을 더 자유롭게 사용했다. 그래서 그들은 다음과 같은 말을 생각해 낼 수 있었다.

"내가 톡! 하고 꽃을 때린다고 꽃이 울지는 않아요. 하지만 긁히고 시들어 갈 거예요."

"꽃 안에는 눈처럼 보이는 무언가가 있어요."

"식물도 서로 대화할 거 같아요. 이 꽃에서 저 꽃으로 옮겨 다니는 꽃가루를 통해서요."

어른들은 상상력이 예술적·문화적 가치를 지닌다는 것을 잘 알고 있다. 하지만 그들은 상상력을 자유롭게 발휘하지 못했으며, 오히려 사실과 허구 사이를 명확하게 구분하는 것이 더 중요하다고 여겼다.

물론 식물이 욕망을 가지는지, 행복할 수 있는지를 알기 위해서는 관련된 실제 지식을 가능한 한 많이 알아야 한다. 그러나 우리는 현실적인 모습들뿐 아니라 여러 '가능성'에 대해서도 생각할 필요가 있다. 식물이 어떤 의도를 가지고 말하거나 보거나 움직일 수 있다고 가정해 보자. 그런 가정을 해야만 식물이 때때로 무언가를 말하거나 말하고 싶어 한다는 것을 알게 되지 않을까? 또한 꽃들이 실제로 언어를 가지고 있다거나, 실제로 무엇을 본다거나, 정말로 의도적으로 행동한다는 것을 증명할 수도 있지 않을까?

만약 어떤 것이 무엇인가를 하고 있다면, 그것이 그렇게 하려는 욕망을 지니고 있다거나 그렇게 해서 행복하다고 말할 수 있는 것은 아닌지 숙고해 봐야 한다. 그래야 우리는 욕망이 무엇인지, 행복이 무엇인지, 그리고 그를 바탕으로 욕망을 갖거나 행복하다는 것이 어떤 의미인지 더 명료하게 이해할 수 있다. 욕망과 행복이 무엇인지 분명해져야, 식물은 욕망이 없다거나 행복해질 수 없다는 것이 사실인지 아닌지 명확해진다. 따라서 부모나 교사가 아이들에게 식물은 말 그대로 욕망을 가질 수 없다고 단정적으로 말하는 것은 잘못이다. 가능성을 토대로 한 자유로운 탐구가 없다면, 욕망을 갖는다는 의미를 제대로 이해하기 어렵다. 그럴 경우, 식물이 과연 욕망을 갖는지에 대한 사실 여부를 평가하거나 합리적으로 판단할 수는 없다. 말할 수 있다고 해서 모두 이해한 것은 아니다.

이야기

이야기 속에는 어떤 질문이 숨어 있을까요?

세인트메리음악학교 학생들을 처음 만났을 때, 나는 흥미 있는 질문거리가 담긴 이야기를 함께 읽고 토론하고 싶다고 말했다. 내가 이 수업에서 뭘 하려고 하는지 알려 준 것이다. 그리고 『개구리와 두꺼비가 함께』 중에서 4장의 이야기를 같이 읽었다.

    개구리와 두꺼비는 함께 책을 읽었어요.
    "이 책에 나오는 사람들은 정말 용감하다!"
    "용하고도 싸우고, 거인하고도 싸우는데 전혀 두려워하지 않잖아."
하고 두꺼비가 말했어요.
    "우리도 용감할까?"
    개구리가 물었어요.
    개구리와 두꺼비는 함께 거울을 들여다보았어요.
    "용감해 보이는데?" 하고 개구리가 말했어요.
    "그러네. 그런데, 우리가 정말 용감할까?" 하고 두꺼비가 물었지요.

신화나 전설에 나오는 영웅들처럼 이야기 속의 개구리와 두꺼비도 위험한 여행을 떠난다. 위 이야기의 제목은 '용감한 개구리와 두꺼비'이지만, 그들은 용을 죽이거나 거인들과 맞서 싸우지 않았다. 대신 전형적인 위험에 빠진다. 먼저, 뱀 한 마리가 그들을 보고 "안녕, 나의 점심밥들!"이라고 외치면서 입을 커다랗게 벌렸다. 깜짝 놀란 개구리와 두꺼비는 펄쩍 뛰어 간신히 위험을 모면했다. 산사태를 만나 죽을 뻔하기도 했지만, 그들은 뛰고 또 뛰어 가까스로 위험을 피했다. 그러나 엎친 데 덮친 격으로 매가 덮치려 해서 둘은 허겁지겁 바위 밑으로 몸을 숨겨야 했다.
　개구리와 두꺼비는 위험에서 벗어날 때마다 부들부들 떨면서도 "우리는 무섭지 않아."라고 크게 외쳤다. 그리고 마침내 집에 도착하자마자 두꺼비는 침대에 뛰어들어 이불을 머리끝까지 끌어올렸고, 개구리는 문을 꼭 걸어 잠갔다. 그들은 한참 동안 그렇게 웅크리고 있으면서도 "우린 함께 용감했어!"라고 말했다.

　로벨의 유쾌하고 기발한 이 이야기는 도발적인 유머를 통해 용기가 무엇인지 생각해 보게 한다. 우리는 어떤 사람이 용감한지 알 수 있을까? 자기 자신이 얼마나 용감한지를 어떻게 알 수 있을까? 개구리와 두꺼비는 거울을 보면서 자신들이 용감해 보인다고 말했다(용감해 보이는 것이 무엇인지 설명하진 않았지만). 두꺼비는 동의하면서도 자신들이 정말 용감한지 되

물었다.

　용기를 증명하기 위해서는 위험에 직면해야 할까? 용감한 사람이 되려면 위험에 직면해야 할까? 그건 어떤 종류의 위험일까? 전통적인 위험이어야 할까? 용기를 보여 주기에 적절한 표준이 되는 위험이어야 할까? 위험이 너무 크거나 그 임무가 위험을 감수할 만한 가치가 없다고 가정해 보자. 그럴 때는 용기를 발휘하지 않고 숨거나 도망쳐도 될까? 때로는 자기 입장을 고수하는 것이 무모한 일일까? 몸을 떨거나 두려움을 느끼는 건 뭘까, 용기가 없다는 것을 보여 주는 걸까, 아니면 그 반대의 의미일까? 진정한 용기에도 두려움은 늘 따르는 걸까?

　아이들은 '용감한 개구리와 두꺼비' 이야기를 좋아했고, 용기에 대해 여러 의문이 생긴 것 같았다. 먼저, 우리는 어떨 때 용기가 있다고 말할 수 있는지 이야기 나누었다. 그리고 용기를 위해 필요한 것이 무엇인지 생각해 보았다.

　아이들은 용감해지기 위해서 (1) 위험하지만 (2) 어리석지는 않은 일을 해야 한다고 했다. 이때 아이들이 어리석고 위험한 행동을 하는 사람을 어떻게 불러야 할지 모르는 것 같아서 내가 "무모한 사람"이라 부르자고 제안했다.

　이어 아이들은 용감한 행동이란 (3) 아주 중요한 이유가 있어야 하고, (4) 보상을 기대하지 말아야 한다고 했다. 물론 (5) 그 결과에 따라 보상을 받을 수는 있다고 했다. 아이들은 (6) 두려운 감정을 느끼는 것과 용기는 상관이 없다고 했다.

    이 여섯 가지 항목은 나의 작은 도움을 받으면서 아이들이 만들어 낸 생각들이다. 내가 토론 중에 아이들의 직관을 날카롭게 다듬기 위해서 한두 가지 사례를 제공하긴 했지만, 대부분은 아이들이 토론을 통해 스스로 구성한 생각들이다.

    용감해지려면 무엇이 필요한지 알아보기 위해서, 나는 그 조건이 무엇일지 살펴보자고 했다. 때로는 아이들이 찾은 조건을 검토해 보게 했다. 이런저런 일을 한 사람이 단지 그 이유만으로도 용감하다고 말할 수 있는 건지 되묻는 것이다. 그리고 용감해지기 위한 충분조건이 무엇인지도 물었다. 용기에 대해 만족할 만한 분석이 되려면, 용기에 대한 필요조건과 충분조건을 모두 설명할 수 있어야 한다.

    사실 나는 아이들이 제시한 여섯 가지 항목이 용기의 필요조건도 충분조건도 아니라고 생각한다. 따라서 이것은 용기에 대한 분석으로 완전하지 않다. 예를 들어서 (1) 위험한 일을 해야 한다는 항목을 필요조건의 측면에서 생각해 보자. 만일 실현이 무산된 위험한 임무를 처음에 자발적으로 맡았거나, 위험하지 않은 일을 위험한 일이라고 오해한 채 행동했다고 해 보자. 그런 사람들은 실제로 위험한 일을 하지 않았지만, 용기를 낸 사람이라고 할 수 있다. 그리고 아이들은 허용하지 않았지만, 때로는 비웃음에 직면하는 용기도 있다. 또한 무서운 질병으로 다가오는 죽음에 직면하는 것도 용기일 수 있다. 실제로 위험한 일을 한 것은 아니지만 말이다. 즉, 위험한 행동을 하는 것이 용감해지는 데 꼭 필요한 조건은 아닐 수 있다. (1) 항목을 충분조건의 측면에서도 생각해 보자. 예를 들어 위험하다는 것을 전혀 모르고 아주 위험한 일을 해냈다고 해서 그 사람을 용감한 사람이라고 할 수는 없다.

이렇게 아이들이 제시한 사항들이 용기의 필요조건도 충분조건도 되지 못하지만, 이들의 분석은 용기에 대한 플라톤의 분석보다 더 낫다. 또한 아리스토텔레스의 『니코마코스 윤리학』에 나오는 용기에 대한 정교한 분석과 설명보다는 부족하지만, 그래도 훌륭하다. 왜냐하면 아마도 아리스토텔레스는 용기에 대해서 아이들보다 훨씬 더 오랜 시간 고민하고 글을 썼을 것이기 때문이다.

아이들은 아주 어릴 때부터 용감하게 살아야 한다는 말을 듣고 자란다. 하지만 용기가 무엇인지를 분명하게 말하기는 참 어렵다. 그래서 나는 아이들이 용기라는 개념에 대해 잘 생각해 볼 수 있도록 어른이 도와주어야 한다고 말하고 싶다. 하지만 아이들과 함께 용기에 대해서 새롭게 생각할 준비가 된 어른이라 하더라도, 그들이 아이들만큼 이 탐구로부터 무엇인가를 배울 수 있을지는 잘 모르겠다. 사실 내가 정말 하고 싶은 말은, 우리 어른들이 아이들과 서로 도우면서 용기가 무엇인지, 용기 있는 사람이 된다는 것이 무엇인지에 대해서 '함께' 생각하고 배워야 한다는 것이다.

다음 주에 나는 『오즈의 마법사』의 한 부분을 발췌하여 아이들에게 읽어 주었다. 내가 들려준 부분은 도로시와 암탉 빌리나가 바위 감옥에 있는 태엽 로봇 틱톡과 만나는 장면이었다. 틱톡의 등 뒤에 달린 카드에는 지시 사항이 쓰여 있었다.

> 생각하게 하려면 – 왼쪽 팔의 태엽을 감아 주세요.(1번 표시)
> 말하게 하려면 – 오른쪽 팔의 태엽을 감아 주세요.(2번 표시)
> 걷고 행동하게 하려면 – 등 가운데 있는 태엽을 감아 주세요.(3번 표시)

도로시는 빌리나에게 이 지시 사항을 읽어 주었어요.
"저런, 설마!" 노란 암탉 빌리나는 펄쩍 뛰며 놀랐어요.
"내 생각엔 이 지시 사항이 광고처럼 다 거짓말일 것 같아. 진짜 태엽 로봇이 이런 일들의 반만이라도 할 수 있다면 대단한 거거든."
"우리가 저 태엽을 진짜 감아 보는 건 어때?" 도로시가 제안했어요.
"해 보면 정말 할 수 있는지 아닌지를 알게 될 거야."
"먼저 어떤 태엽을 감아 볼까?" 도로시는 지시 사항을 다시 한번 살펴보면서 물었어요.
"1번이 좋을 것 같아. 진짜 저 태엽 로봇이 생각할 수 있을까?" 빌리나가 대답했어요.

"그래." 도로시는 왼쪽 팔의 1번 태엽을 감았어요.

"달라진 게 없어 보여." 빌리나가 따지듯이 말했어요.

"당연하잖아. 그는 지금 그저 생각만 하고 있을 테니까." 도로시가 말했지요.

"틱톡이 무슨 생각을 하는지 궁금해. 내가 말하게 하는 태엽을 감아 볼게. 그러면 우리에게 뭔가 말해 줄지 몰라." 도로시가 2번 태엽을 감았어요. 그러자 태엽 로봇은 입만 움직이면서 "안녕, 좋은 아침이에요, 작은 아가씨. 안녕하세요, 암탉님!"이라고 말했어요.

그 목소리는 약간 쉰 것 같았고, 삐걱거리기까지 했어요. 게다가 처음부터 끝까지 억양의 변화 없이 똑같은 어조로 말했지요. 그러나 도로시와 빌리나는 그 말을 잘 알아들을 수 있었어요.

두 쪽 정도를 함께 읽은 후에 이야기를 나누었다.
"살아 있지 않은 것이 말할 수 있을까요?" 나는 아이들에게 물었다.
"그럼요!" 아이들은 인형을 예로 들면서 대답했다. 하지만 그 말을 완전히 확신하지는 않는 것처럼 보였고, 잠시 후 몇몇 아이들은 반대 의견을 내기 시작했다.
"인형이 진짜로 말하는 건 아니에요." 에스더가 말했다. "버튼을 눌러야 말하거든요. 그건 누군가 미리 녹음해 둔 거잖아요."

"언제나 그냥 녹음된 말만 똑같이 하는 거지요." 폴이 말했다. "하지만 틱톡은 달라요. 눈앞의 암탉을 보고 '안녕, 암탉!'이라고 말했으니까요."

나는 살아 있지 않은 것이 생각할 수 있는지 물어보았다. 이번에도 폴이 대답했다.

"컴퓨터는 기억 저장 창고에서 필요한 정보를 찾아 반응해요. 그건 생각하는 것과 같아요. 하지만 그들이 살아 있는 건 아니죠." 토론이 더 진행되고 나서 그는 덧붙였다. "어쩌면 누군가가 죽은 사람의 뇌를 꺼내서 기계 속에 넣었을 수도 있어요. 틱톡이 그런 기계일 수도 있고요. 그러면 그 기계는 살아 있지 않지만, 기억을 갖게 되고 생각도 할 수 있어요."

"왜 기계가 살아 있다고 할 수 없나요?" 내가 물었다.

"왜냐하면 기계는 피를 순환시켜 주는 심장을 가지고 있지 않으니까요. 그 대신 뇌의 명령에 따라 기름을 순환시킬 수는 있을지 몰라요." 폴이 대답했다.

나는 두 가지 이야기에 대한 아이들의 반응을 보면서, 이야기가 제기하는 질문에 대해 아이들이 어떻게 생각해야 하는지 제대로 알고 있다는 확신이 들었다. 그래서 아이들에게 이야기의 앞부분을 들려주기 시작했다. 아이들은 내가 제시한 이야기에 담긴 다양한 주제와 질문들을 금방 알아차렸고, 적극적으로 토론에 참여했다. 그다음 주에 아이들은 내가 아이들의 이야기를 듣고 완성한 이야기 속에서 자신들의 생각을 찾아내려고 애썼다.

아이들과의 대화를 이끌기 위해 내가 사용한 이 방법에는 최소 두 가지의 목표가 있었다. 한 가지 목표는, 만약 우리가 어떤 결론에 도달했을 때, 그 대부분은 자신들의 생각으로 만들어졌다는 걸 아이들이 아는 것이다. 솔직히 나는 이야기의 결론을 내 생각으로 마무리한 적도 있었다. 앞서 나온 꽃의 행복에 관한 이야기의 결론은 내가 스스로 고안한 것이었다. 또 이야기 중간 부분에 실제 토론에서는 나누지 않았던 내용을 덧붙인 적도 있었다. 아이들과 토론하는 동안 내가 미리 생각해 온 주제를 다 다루지 못했거나, 마땅히 더 깊게 파고들었어야 할 탐구를 제대로 하지 못했을 때, 또는 어떤 핵심적인 요점을 간과했다고 생각할 때, 그 이야기를 덧붙여 적은 적도 있었다. 하지만 대부분의 경우 이야기의 마무리를 지을 때, 아이들의 토론 내용을 있는 그대로 담으려고 아주 세심한 주의를 기울였다. 그래서 가능한 한 아이들이 실제로 했던 말을 사용하고자 애썼다. 내게는 아이들에게 자신들의 말이 얼마나 중요한 것인지 느끼게 해 주는 것이 가장 핵심이기 때문이다. 아이들의 말이 기록으로 남게 될 것이고, 그것이 얼마나 중요한 일인지 느끼게 해 주고 싶었다.

또 다른 목표는, 아이들이 문제를 대할 때, 그것을 자신의 문제로 여기며 스스로 생각하고 싶도록 격려하는 것이었다. 그래서 나는 수업이 마무리될 때쯤 "그렇다면 이 질문의 답은 무엇인가요?"라고 아이들이 묻지 않기를 바란다. 나를 마치 책 속 어딘가에 있는 정답을 가르쳐 주는 사람으로 여기지 않았으면 좋겠다. 아이들 스스로 그 답을 찾아낼 수 있다고 생각하길 바란다. 다행히 아직까진 내게 어떤 아이도 그런 질문을 하진 않았다. 대신 아이들은 재빨리 문제나 질문을 자기 것으로 받아들이고, 가능한 한 최선을 다하여 문제를 풀어 가고자 하는 책임감 있는 태도를 보여 주었다.

치즈

치즈는 풀로 만들어진 게 맞나요?

아래 이야기는 내가 에든버러에 오기 전에 보스턴에서 성인 대상 수업을 했을 때, 첫 번째로 들려주었던 일화이다.

맥신: 선생님도 잘 아시겠지만, 치즈는 풀로 만들어요.
교사: 아, 그래요? 왜 그렇게 생각하나요?
맥신: 치즈는 우유로 만들고, 소가 우유를 만드는데, 그 소는 풀을 먹으니까요.
교사: 맥신은 치즈를 먹나요?
맥신: 그럼요!
교사: 그렇다면 맥신도 역시 풀로 만들어졌겠군요?
맥신: 아니요, 저는 사람인걸요.

이 일화는 교사와 여덟 살 아이가 나눈 대화이다. 메사추세츠 교육대학에서 전해 들은 내용으로, 좀 더 긴 대화 중에서 일부만 발췌했다. 아이 이름을 몰라서 '맥신'이라고 정했다. 수강생들에게 이 대화를 어떻게 이어 갈 것인가에 대하여 생각해 보고 짧은 글을 써 오라는 과제를 내주었다.

제출된 과제 중에는 진지하고 교훈적인 것도 있고, 재미있는 것도 있었다. 형식적인 것도 있고, 자유롭고 상상력이 넘치는 글도 있었다. (앞장에서 이들과의 수업이 다소 불만스러웠다고 했지만, 즐거운 시간도 꽤 있었다.)

대부분의 과제는 맥신이 인간과 동물이 서로 다르다고 한 점에 주목하면서, 인간에게도 동물적인 본성이 있음을 깨닫게 해 주려고 애썼다. 즉, 인간도 결국은 동물임을 알려 주고 싶어 한 것이다. 반면에 어떤 과제는 인간에게만 있는 독특한 특징, 즉 동물과 구별되는 특성에 대해 좀 더 탐구하고자 했다.

수강생들이 맥신 이야기의 후반부를 끌어나간 방식은 다양했지만, 맥신이 논리적 오류를 범하고 있다는 것에는 모두 동의했다. 그래서 맥신에게 그 잘못을 설명해 주고 싶은데, 어떻게 접근해야 할지 모르겠i 다고 질문한 사람도 꽤 있었다. 맥신이 이 수업에 참여하여 자기 잘못을 깨닫고 스스로 수정하길 바란다는 글도 있었다. 무엇이 잘못되었는지 자세히 설명할 수는 없지만, 맥신이 생각을 제대로 하지 못하는 건 분명하다고도 했다.

어떤 수강생은 맥신의 생각을 논리적으로 풀어서 설명하려고 했다. 만일 X가 Y를 먹고, X가 사람이 아니라면, X는 Y로 만들어졌다. 즉, 무엇인가가 인간이 아니라면, 그것은 자신이 먹는 것으로 만들어진다는 것이 원칙이다. 이는 맥신의 추리를 재구성한 것이지만, 사실 대화에서 맥신이 소가 풀로 만들어졌다는 말을 한 적이 없기에 성립하기 어렵다. 맥신의 말에 따르면, 풀로 만들어져 있는 것은 소가 아니라 치즈다. 이렇게 말한 이유는 치즈가 우유로 만들어지는데, 소가 우유를 만들며, 그 소는 풀을 먹기 때문이라고 했다. 따라서 네 가지의 명제가 있게 된다.

(1) 소는 풀을 먹는다.
(2) 소는 우유를 만든다.
(3) 치즈는 우유로 만들어진다.
(4) 치즈는 풀로 만들어진다.

왜 마지막 명제인 '치즈는 풀로 만들어진다'가 앞선 명제들로부터 귀결된다고 생각한 것일까? 내가 보기엔 맥신이 앞선 두 명제 사이에 (2.5) 우유는 풀로 만들어진다는 중간 결론을 낸 것 같다. 그리고 그 명제는 (3) 치즈는 우유로 만들어진다는 것과 함께 이행규칙(만약 A는 B로 만들어지고 B는 C로 만들어진다면, A는 C로 만들어진다)에 따라 (4) 치즈는 풀로 만들어진다는 결론이 이끌어진 것이다. 즉, (2.5) 우유는 풀로 만들어진다. (3) 치즈는 우유로 만들어진다. 그러므로 (4) 치즈는 풀로 만들어진다고 결론을 낸 것이다.

그런데 이러한 상관관계가 진짜 이행규칙으로 만들어진 걸까? 내 생각에는 그렇다. 따라서 나는 맥신의 추론이 맞다고 생각한다. 앞부분의 추론을 다시 살펴보자.

(1) 소는 풀을 먹는다.
그리고
(2) 우유는 소에서 나온다.
(2.5) 우유는 풀로 만들어진다. (?)

이 추론에는 다소 의문의 여지가 있지만, 전적으로 터무니없는 것은 아니다. 약간의 상상력을 발휘해 본다면, 고려해 볼 만한 여지가 있다. 예를 들어 소가 우유를 만들어 내는 하나의 기계라고 상상해 보자. 소는 풀을 먹고 배 속에서 풀을 처리하여 우유를 생산해 낸다. 사실, 이후 대화에서 맥신은 비슷한 생각을 보여 주었다.

교사 : 왜 치즈는 초록색이 아니지요?
맥신 : 소가 초록색 풀을 먹었지만, 위에서 막 움직이면서 완전한 변화가 일어나거든요. 그렇게 만들어진 게 우유예요. 우유는 소의 위장에서 새롭게 만들어지는 거예요.

소의 배 속에서 일어나고 있는 일에 대해 이보다 담백하고 그럴듯하게 표현할 수 있을까!

발달심리학자들은 맥신과 같은 여덟 살짜리 아이가 이행규칙을 이해하거나 응용할 수는 없다고 주장한다. 그래서 나는 보스턴 수업의 수강생들에게 맥신이 그런 추리를 할 수 없다고 생각한 이유가 맥신의 나이 때문인지 물어보았다. 수강생들은 조금 망설이면서도 나이 때문은 아니라고 대답했다. 그렇다면 그들은 왜 맥신의 추리 과정이 분명히 잘못되었다고만 생각했을까?

내 생각에는 이들이 발달심리학의 각 단계에 대한 특정한 이론이나 세부적인 내용보다는 그 전체적인 관념(idea)에 훨씬 큰 영향을 받은 것 같다. 일정 나이의 아이가 어떤 생각을 할 수 있는지에 대한 구체적인 개념은 없으면서, 아이들의 사고가 나이에 따라 일정한 단계를 거쳐 성장한다고 전제한다. 즉, 한 단계에서 다음 단계로의 변화는 비교적 부적절한 단계에서 비교적 적절한 단계로 나아간다고 생각하는 것이다. 그래서 여덟 살인 맥신은 어리기 때문에 여러 가지 한계를 가지고 있다고 막연하게 생각한다. 아이가 할 수 있는 생각과 개념 목록, 추리 능력에 한계가 있다고 보는 것이다. 만일 어떤 아이가 무지한 것은 아닌데 좀 이상하거나 특이한 말을 하면, 어른들은 아이가 어떤 개념상의 한계나 추리 능력의 부족, 혹은 둘 다 때문에 그렇게 생각한 거라고 성급하게 판단을 내린다.

이러한 사고방식은 아이들의 풍부한 상상력과 창의적인 사고를 무시하거나 오해하게끔 하는 불행한 결과를 가져온다. 아이들이 인지적 무능함 때문에 이상한 질문이나 예상하지 못한 결론을 내는 것이라고 여긴다면, 우리는 아이들이 말하는 '흥미로운 점'을 발견하지 못하고 놓쳐 버리게 될 것이다.

나는 세인트메리학교의 아이들과도 맥신 이야기를 나누었다. 그들 모두 맥신보다 나이가 많았다. 아이들에게는 발달심리학에 대한 선입견이나 가정이 없기 때문에, 단지 맥신이 여덟 살이라는 이유만으로 그 추론이 잘못되었다고 여기지는 않을 거라고 예상했다.

아래는 내가 수업 시간에 소개한 이야기다.

"안녕, 프레디. 학교는 어땠니?"

프레디가 정원에 들어서자마자 엄마가 물었다.

"좋았어요. 그런데 과학 시간에 스코틀랜드에서 괴짜 아이가 전학을 왔어요. 이름이 이안이래요. 그런데 이안이 저에게 '치즈는 풀로 만들어졌어.'라고 귓속말을 했어요. 그래서 저는 '농담하지 마.'라고 말했지요. 그런데 선생님께서 저희들이 떠드는 걸 듣고, 무슨 이야기를 했는지 물었어요. 그래서 제가 '이안이 치즈는 풀로 만들어졌대요.'라고 했죠. 그러자 맥콜 선생님은 그 말을 이상하게 생각하지 않으시고, '추론이 꽤 흥미롭구나. 다음 주에 그것에 대해 토론해 보도록 할까?'라고 하셨어요. 선생님이 도대체 무슨 생각을 하신 걸까 이해가 안 되고 궁금해요."

그러자 "별거 아냐."라며 앨리스 누나가 끼어들었다. "선생님은 이런 뜻일 거야. 소는 풀을 먹고 우유를 만들어. 농부는 그 우유로 치즈를 만들지. 결국 치즈는 소가 먹은 풀로 만들어진다고 생각하신 거야. 만일 a가 b로 만들어지고, b는 c로 만들어진다면 결국 a는 c로 만들어진다고 본거지."

프레디는 앨리스의 말을 가만히 듣더니, "누나 말이 맞아요?" 하고 엄마에게 물었다.

"지금은 바빠. 저녁에 이야기해 보자." 엄마가 대답했다.

아이들은 앨리스의 추론에 적극적으로 동의했다.

"어떤 점에서 그 말은 맞아요."라고 도널드가 말했다.

"우리는 어떤 물질이 무엇으로 만들어졌는지 잘 몰라요. 소가 어떻게 우유를 만드는지 그 과정에 대해 더 자세히 살펴보면 어떨까요? 다들 알겠지만, 소는 위가 네 개잖아요." 에스더가 제안했다. 에스더는 소가 우유를 만드는 과정에 대해서 자신이 알고 있는 것을 얘기하고 싶어 했다.

"좀 이상하게 들리겠지만, 풀이 치즈가 되는 거예요. 왜냐하면 치즈가 되기 위한 첫 번째 단계는 풀이었으니까요. 두 번째 단계는 우유고요." 도널드가 곰곰이 생각하더니 말했다.

"크림도!" 누군가 말을 보탰다.

"세 번째 단계가 치즈예요. 모두 같은 건데, 숙성에 따라 단계가 다를 뿐이에요."라고 도널드가 대답했다.

하지만 얼마 후, 우리는 사물을 만들 때 그 재료가 변하지 않고 유지되는 것과 그 재료가 완전히 변하는 것 사이에 어떤 차이점이 있는지 이야기 나누었다. 아이들은 책은 종이로 만들어진다고 말하고 싶어 했다. 하지만 종이는 나무를 '원료'로 하지만 나무의 상태를 유지하진 않는다.
"만약 종이가 나무로 만들어졌다고 하면 종이를 목제품이라고 해야 하잖아요." 열 살 마틴이 말했다. 이는 이 토론 전체의 핵심을 찌르는 의견이었다.

토론이 끝나갈 즈음에 아이들 대부분은 맥신의 추론이 적절하지 않다고 했다. 아이들은 우유는 풀을 먹은 소가 만드는 것이고, 치즈는 우유를 이용해서 농부가 만든 것이라 했다. 그리고 치즈는 우유로 만든 것이지만, 그 우유가 풀로 만들어진 것은 아니라는 점을 강조했다.
나는 아이들과의 대화를 통해 얻은 통찰을 바탕으로 이 이야기의 결론을 다음과 같이 썼다.

앨리스 누나는 그날 저녁 식사에 없었다. 일찍 밥을 먹고 친구와 영화를 보러 갔기 때문이다. 대신 게티 이모가 있었다. 프레디는 게티 이모가 와서 기뻤다. 왜냐하면 어려운 문제에 관해 대화하기에는 게티 이모가 누나보다 더 나을 것 같기 때문이다. 물론 누나는 프레디와 생각이 다를 거다. 누나는 게티 이모가 생각이 단순하고 감성적이라고 생각한다.

"프레디, 이야기하고 싶었던 게 뭐니?" 이모가 물었다.

"학교 단짝 친구가 치즈는 짚으로 만들어진다고 했대. 프레디, 맞지?" 엄마가 대답했다.

"엄마, 짚이 아니라 풀이에요. 그리고 제 단짝 친구가 아니라 스코틀랜드에서 전학 온 아이예요. 사투리를 쓰고 이상한 말을 자주 하는 아이라고요."

"어떤 아이길래 치즈가 풀로 만들어진다고 생각했을까? 치즈 속에 들어 있는 푸른 완두콩 조각을 풀로 착각한 건 아닐까?" 아빠가 물었다.

"아니에요. 아빠, 그런 건 아니에요." 프레디가 대답했다.

"그 아이 말은 사람이 우유를 이용해서 치즈를 만들거나, 뭐 크림을 만들 수도 있지만요, 하여튼 그 우유는 소가 풀을 먹고 만든 거니까, 결국 치즈는 풀로 만들어졌다는 거예요. 앨리스 누나의 말도 비슷했어요. 그러니까 첫 번째 재료로 두 번째를 만들고, 그 두 번째로 세 번째를 만든다고 생각하는 거지요. 게티 이모, 이 말에 대해 어떻게 생각하세요?"

게티 이모는 완두콩을 먹으면서 천천히 대답했다.

"꽤 흥미로운 추론이긴 하구나. 하지만 그 결론이 그다지 마음에 들진 않아. 우리는 여기서 물건 만드는 과정을 잘 살펴봐야 해. 그 재료가 모습만 바꿔서 유지되는지, 아니면 아예 다른 게 되는지 말이야."

"네? 그게 무슨 뜻이에요?" 더 어리둥절해진 프레디가 질문했다.

"예를 들어 설명할게. 포도즙을 이용해서 포도주가 만들어지고, 포도주를 이용해서 식초를 만든단다. 그러나 그렇다고 해서 식초가 포도즙이나 포도주만으로 만들어진다고 말할 수는 없는 거야."

"아, 알겠어요. 그러니까 종이는 나무로 만들었지만, 나무는 아니라는 거지요? 만약에 종이가 나무라면, 목제품이라고 불러야 하는데 그렇지 않잖아요. 목재를 재료로 만들어진 건 나무 식탁이나 나무집이죠."

"훌륭하구나!" 게티 이모가 칭찬해 주었다.

"그럼, 앨리스 누나 말은 잘못된 거네요. 똑똑한 누나가 이번엔 덫에 걸렸어요. 치즈는 우유를 그대로 사용해서 만든 것이 아니라, 우유를 원료로 해서 만든 거예요. 그리고 우유도 풀을 그대로 사용해서 만든 것이 아니라, 풀을 원료로 해서 소가 만든 거고요. 만약에 우유가 풀 그대로 재료를 써서 만들어진 것이라면, 그건 뭐라고 부를 수 있을까요? 풀즙? 으악!"

"앨리스에 대해 너무 심하게 말하지 말아라. 앨리스는 그 친구의 의도를 설명해 보려고 애쓴 거 같구나. 사람들은 대체로 물건을 만들어 내는 과정에서 필요한 원료와 재료의 차이점까지 생각하진 않는단다." 게티 이모가 부드러운 말로 설명했다.

"어쨌든 누나 생각은 틀렸어요. 다 아는 척하더니!"

프레디는 의기양양해졌다. 그래서 얼른 앨리스에게 이 사실을 말하고 싶어졌다.

"엄마, 앨리스 누나는 언제 온대요?"

배

배를 아무리 많이 고쳐도 여전히 원래 그 배일까요?

1982년 8월, 가족과 함께 에든버러로 이사하고 얼마 되지 않아서 우리는 집과 가까운 리스항에 범선 두 척이 머문다는 것을 알게 됐다. 범선을 좋아하는 우리 가족은 곧장 리스로 갔다. 돛을 접은 배들의 모습은 아름다웠다. 그중 한 척은 선실을 자세히 볼 수 있도록 개방되어 있었다.

안내원은 이 범선들에 관한 역사와 현재 영국 주변에서 취항하는 배에 관해 설명했다. 그중 한 척은 잉카라는 배인데, 1846년에 만들어졌으나 얼마 지나지 않아 전쟁으로 침몰했다. 그 후 1981년에 인양되어 복잡한 공정 과정을 거쳐 복원 중인데, 현재 선체의 85%가 완전히 새로 교체되었다. 안내원은 그 복원 과정이 매우 가치가 있는 일이라고 강조하면서, 이 배가 현재 바다 위에 있는 배 중에서 가장 오래된 범선이라고 했다.

'동일성'에 대한 철학적 논쟁을 잘 알고 있던 아내와 아들은 이 말을 듣자마자 의아해했다. 고대의 테세우스 배 논쟁이 대표적인 예인데, 테세우스는 복원을 통해 선체의 거의 모든 부분이 새로운 것으로 교체된 배이다.

이 논쟁의 핵심은 어느 시점까지 그 배를 예전의 배, 테세우스로 볼 수 있는가이다. 우리는 안내원이 아무렇지도 않게 (1) 선체 판자의 85% 이상이 새롭게 교체되었음에도, (2) 그 배가 현재 바다 위에 있는 배 중에서 가장 오래된 범선이라고 주장하는 것이 놀라웠다.

나는 아이들과 함께 이 논쟁에 대해 토론하고 이야기를 만들고 싶었다. 그래서 아이들의 성찰을 이끌도록 이야기를 써서 아이들에게 들려주었다.

저녁 식사 시간에 프레디는 앵거스와 함께 리스 항구에서 본 것을 식구들에게 말했다. 긴 돛대, 끝이 없는 듯한 바다, 아늑한 선실, 선원들이 자는 방, 그리고 승선표를 팔던 이층버스 등에 관해 이야기했다.

"정말로 아름다운 배였어요. 배 전체가 하얗게 빛나고 있었는데, 영화 속에 나오는 배 같았어요. 아, 실제로 해적 영화에서 사용한 적이 있대요."

"그 배가 언제 만들어졌는지 아니?" 아빠가 물었다.

"안내원이 1840년쯤에 만들었다고 했어요. 그렇지만 금세 큰 전쟁으로 침몰했고, 바닷속에 오래 잠겨 있었대요. 2년 전인가 인양이 되었고, 현재 그 배는 바다 위에 있는 가장 오래된 범선이라고 했어요."

"어, 정말? 그러면 많이 망가져 있었겠구나."

"아니에요. 전혀 그렇지 않아요. 인양했을 때 거의 다 썩어 있었는데,

그걸 하나씩 교체했대요. 선체의 대들보부터 마지막엔 배의 겉 부분까지 싹 다 교체했대요. 이제 그 배의 대부분은 거의 다 새것이래요. 아주 매끄럽고 단단한, 정말 아름다운 배가 된 거예요!"

"그렇다면 그 배가 현재 바다 위에서 가장 오래된 배라고 볼 순 없을 것 같은데? 만약 선체 대부분이 새것으로 교체되었다면, 그건 가장 오래된 배가 아니라 새로운 배지. 오래된 배를 바탕으로 만들어졌다고 해도 그것은 새 배야." 앨리스 누나가 어이없다는 듯이 웃으며 말했다.

프레디는 한창 마리아호가 싸웠던 전쟁을 상상하고 있었다. 긴 항해 준비를 마치고 출항할 때, 갑판의 선원들은 어떤 기분이었을까, 얼마나 자랑스러웠을까 하고 생각하던 참이었는데, 누나의 말을 들으니 몹시 당황스러웠다.

생각해 보니 누나 말이 맞는 것 같다. 오늘 프레디와 앵거스가 리스에서 탄 배는 정말 가장 오래된 배일까, 아니면 단지 마리아호의 복제품일까? 아니지, 그 배는 복제품도 아니다. 마리아호가, 그러니까 오래된 배가 바뀌고 또 바뀌면서 하나의 새로운 배가 되었으니까.

하지만 안내원은 분명히 그 배가 현재 바다 위에 있는 배 중에서 가장 오래된 범선이라고 자신 있게 말했다. 그때는 프레디도 그 말에 동의했었다.

이야기를 들은 아이들은 제기된 문제에 흥미를 보였다. 토론에 앞서 나는 아이들이 이 이야기에 나오는 문제점을 정확히 이해하고 있는지 확인하기 위해 몇 가지 질문을 던졌다.

"여기에서 문제가 되는 게 무엇인가요?" 내가 물었다.

"문제는요, 그 배가 여전히 오래된 그 배라고 할 수 있는가예요. 아니면 많이 교체되었으니까 원래 배의 복제품이나, 모사품, 모형이라고 해야 하는 건가에 대한 것이요." 도널드가 대답했다.

"그건 아주 간단해요!" 문제 될 게 없다는 듯이 폴이 말했다.

나: 어떻게 간단하지요?
폴: 만약에 처음 만들었을 때의 판자가 몇 개라도 있다면, 그것은 오래된 배라고 할 수 있어요.
에스더: 분명히 오래된 판자가 남아 있을 거예요.
폴: 어쩜 오래된 배의 혼(spirit)이 아직 남아 있을지도 몰라요. 그렇다면 정말로 새로운 배가 아니에요.

나는 이 대화에서 폴이 말한 '혼'에 대한 의견을 자세하게 따져 보고 싶었다. 그러나 토론이 너무나 빠르게 진행되는 바람에 적절한 질문을 할 틈이 없었다. 무엇보다 폴이 '혼'이라는 개념을 스스로 더 엄격하고 회의적인 관점에서 바라보기 시작하면서 갑자기 입장을 바꾸었기 때문이다. 더 캐묻기엔 이미 늦었다.

우리는 원래 문제로 다시 돌아갔다. 논의 중인 몇 가지 요점에 대해 열띤 토론이 이어졌다. 예를 들어 '거의 대부분'의 판자가 교체되었다는 말을 이해하기 위해서는 정확히 얼마만큼의 판자가 교체되어야 하는가에 대해서 논의했다. 그 외의 여러 의견이 계속 이어져 나왔으나, 나는 다시 원래 문제에 초점을 맞추도록 질문을 던졌다.

나 : 아직 교체되지 않은 옛 갑판이 조금 남아 있고, 용골도 예전 그대로 남아 있는 배를 하나 상상해 봅시다. 하지만 돛대를 비롯해서 모두 새것으로 교체되었어요. 그래도 이 배가 여전히 오래된 배라고 생각하는 사람은 손을 들어 볼까요?

아이들이 모두 손을 들었다. 이때 나는 칠판에 배를 대충 그려 보았다.

나 : 그런데 어느 날 선장이 배를 살펴보더니 판자가 모두 썩었다고 교체하라는 명령을 내렸어요. 그래서 마지막 남은 판자까지 모두 교체했지요. 이제 원래의 배에서 남은 것은 용골뿐이에요. 이 배는 여전히 오래된 배일까요?

또 아이들이 모두 손을 들어 오래된 배가 될 수 있다고 했다.

나 : 그러면 용골이 중요한 건가요?

폴 : 저는 배의 늑골과 용골이 가장 중요한 부분이라고 생각해요.
나 : 그럼, 용골만 그대로 있으면 그 배는 같은 배인가요?
폴 : 그렇진 않아요. 왜냐하면 사람들이 용골을 직접 볼 수는 없으니까요.
도널드: 사람들이 직접 볼 수 있느냐는 중요한 문제가 아니에요. 사람들이 볼 수 없다고 하더라도, 그게 오래된 배가 아니라고 말할 순 없어요.

도널드의 의견은 많은 지지를 받았다. 우리는 그 배가 어떤 조건일 때 오래된 배일 수 있는지를 알고 싶은 거지, 사람들이 그 배를 오래된 배로 인식하는지 아닌지의 여부를 묻는 것은 아니었기 때문이다.

하지만 폴의 말도 일리가 있었다. 배가 이러저러한 변화에도 불구하고 여전히 오래된 배라고 판별하기 위해서는 어떤 기준이 필요하기 때문이다. 만일 아무도 용골을 염두에 두고 검사하지 않는다면, 용골의 지속 여부는 적절한 기준이 될 수 없는 것이다.

이즈 : 이 배 위에 오래된 선실이 아직 남아 있다고 상상해 봐요.
도널드: 아니에요. 그 배의 밑 부분이 같다면, 그 위에 무엇을 새롭게 만들든 상관없어요.

물론 "아직도 배에 오래된 선실이 남아 있다"는 말이 그 배가 선실에 따라 달라진다는 말은 아니다. 의자를 예로 들자면, "의자에 아직도 등받이가 있다"고 해서, 등받이가 없으면 의자가 아니고 스툴이라고 말하려는 것은 아니다. 그럼에도 불구하고, 도널드의 말은 정곡을 찔렀다. 만약 배 위의 선실을 일종의 장식품처럼 여긴다면, 배 위의 오래된 선실이 있다는 사실이 그 배가 원래 그 배인지 아닌지를 결정하는데 크게 영향을 주지는 않기 때문이다.

토론하는 동안 폴은 이 문제에 대해서 검사의 역할을 맡았다. 그는 많은 지지를 얻은 도널드의 의견을 쉽게 허용하지 않았다. 이어진 토론에서 아이들은 자기 입장을 주장하면서 유비추리를 자연스럽게 사용했는데, 매우 인상적이었다. 나는 예전에 대학생들에게(나 스스로에게도) 적절한 유비추리를 해 보라고 권하곤 했다. 그런데 놀랍게도 이 아이들은 교사의 격려 없이도 스스로 멋지게 유비추리를 활용했다.

폴은 배를 성에 비유하며 의견을 풀어 갔다. 에든버러성이 한눈에 보이는 곳에 사니 당연한지도 모르겠다. 어쨌든 폴의 선택은 아주 적절했다.
"몇 사람들의 의견은 이런 거예요." 폴은 '몇 사람들'이라는 말을 사용하면서, 은근히 자기처럼 지배적인 의견을 불편해하는 사람들도 있을 거라는 점을 드러냈다. "'완전히 새로 만들어진 성이 있다, 이 성은 단 한 개의 벽돌을 제외하고는 완전히 새것으로 교체되었다, 그래도 여전히 이 성은 오래된 예전의 성이다'라고 말입니다."

몇 명은 "그렇지 않아. 그게 왜 오래된 성이야? 새로운 성이지."라고 대답했고, 나머지 대부분은 폴의 유비추리가 내키지 않았지만, 반대 의견을 바로 제시하진 못했다.

"지금 내게 차가 한 대 있어요. 이 차의 창문 하나를 교체하고, 또 다른 창문도 교체했어요. 문짝도 바꾸고 바퀴도 바꾸고, 엔진 외에는 모두 새 것으로 교체했어요. 엔진을 교체하지 않는 한, 이 차는 계속 이전과 같은 차예요." 도널드는 배를 자동차에 빗대어 유비추리하면서 자기 의견을 유지했다.

우리는 자동차가 엔진을 바꾸지 않는 한 같은 차라고 생각할 수 있듯이, 배의 어떤 부분이 바뀌지 않아야 여전히 이전 배일지에 대해서 생각해 보았다. 배의 어떤 부분이 그대로 있어야 오래된 예전의 배라고 여길 수 있는 걸까? 용골 외에는 적절한 대안이 없어 보였다. 나는 용골이 얼마나 중요한 것인지 알아보기 위해 사고 실험을 시작했다.

나 : 여러분 말대로 용골이 그대로 있다면 같은 배라고 가정해 봅시다. 자, 이제 이런 상황을 상상해 볼까요? 여기 낡고 오래된 배가 있는데, 단 한 가지만을 교체하기로 했어요. 모두 그대로 두고, 용골만 바꾼 겁니다.
도널드 : 오! 그건 정확하게 같은 배예요. 예전 그 배죠. 분명해요.
나 : 그렇다면 여러분은 왜 용골이 그렇게 중요하다고 생각하는 건가요?

도널드: 나는 용골이 가장 중요하다고 생각한 것은 아니었어요. 다른 부분도 마찬가지예요. '이 돛대 중에 하나를 떼어 내고 새것으로 바꿔야지'라고 말할 수 있어요. 그래도 여전히 같은 배예요. 용골만 특별한 건 아니에요. 단지 용골은…… 아, 설명하기가 어려워요.

바로 그때 폴이 적절한 질문을 했다.

폴: 도널드는 나무 조각이 하나만 남아 있어도 같은 배라는 건가요? 아주 작은 조각이라도 남아 있다면(손으로 아주 작다는 것을 표현하면서), 그 외에는 모두 새것으로 교체되었어도 여전히 같은 배라는 거예요?"

도널드: 교체된 것들이 오래된 배의 작은 조각을 바탕으로 새롭게 교체되었다면, 난 그렇다고 생각해요.

이 토론에서 도널드는 처음부터 끝까지 연속성이 중요하다는 자기 견해를 분명히 유지했다. 변화가 점진적으로 일어나는 한, 마리아호가 복원을 시작한 후 변화의 모든 시점에 배가 그대로 있었고, 원래 배의 일부가 여전히 남아 있다면, 그것은 마리아호로 봐야 한다는 것이다.

공교롭게도 당시 영국의 신문과 TV에서 튜더 왕조 때 침몰한 메리로즈호를 인양한다는 뉴스가 나오고 있었다. 도널드는 그 점을 들어 말했다.

도널드: 만일 메리로즈호와 같은 배를 건져 냈는데, 자세히 보니 뼈대만 남

앉다고 해 봐요. 여기도 썩고, 저기도 썩어서 다른 새것으로 교체해야만 했어요. 그런데 교체할 필요가 없는 부분도 있었어요. 그래서 그 부분은 그대로 두고 그곳을 중심으로 주변을 차차 새 판자로 바꿔 나가자고 했지요. 그렇다면……

폴: (시큰둥한 표정으로) 그러니까 도널드는 만일 쌀알만큼이라도 이전의 배에서 나온 조각이 있고, 그것을 중심으로 교체한 것이라면 예전의 배라고 봐야 한다는 거죠?

도널드 : 그 말이 아니에요. 원래 배가 있는데, 사람들이 그걸 보고 "이 배를 봐요. 온통 썩어 가고 있어요……."

도널드는 오래된 성이나 배의 일부분을 가져와 그 주위에 새로운 성이나 배를 만드는 경우와 썩고 있는 배나 성에서 점진적으로 교체가 이루어지는 경우는 다르다는 것을 구별하려고 애를 쓰는 듯 보였다.

하지만 여전히 폴은 원래 배에서 얼마만큼의 판자가 남아 있어야 예전의 배라고 불릴 수 있는지를 정확히 알고 싶어 했다. 폴은 아주 작은 파편 하나만 남아 있다고 가정해 보자고 했다.

도널드 : 파편이라면 좀 달라지겠지요. 하지만 그건 너무 지나치다고 생각 안 해요?

폴: 알았어요. 그럼 이 큰 책 크기 정도라면 어때요?

도널드는 망설이다가 말했다. "음…… 좋아요. 여전히 그것도 지나치긴 하지만요."

그 후 도널드는 원래의 배에서 단 한 조각만이라도 남아 있다면, 여전히 같은 배라고 결론 내릴 수 있다고 생각하는 듯했다. 그러나 그가 강조한 것은 연속적으로, 점진적으로 교체되어야 한다는 것이다.

도널드 : 하나 바꾸고 또 하나 바꾸고, 이렇게 하나씩 하나씩 뜯어서 바꾸면 그건 여전히 같은 배라고 할 수 있어요.

도널드가 손짓까지 하면서 말했지만, 폴은 탐탁지 않아 했다. 폴도 손짓을 해 가며 말했다.

폴: 배의 원래 부분이 요만큼 남아 있고, 나머지는 1982년에 모두 새것으로 바뀌었어요.
도널드: 그럼, 그건 여전히 옛날의 배지요.
폴: 배에서 남아 있는 게 요만큼인데도요?
도널드 : 네, 여전히 그건 오래된 배예요.
폴: 그러면 그 배에 남아 있는 나무조각을 물 위에 던지고 떠다니게 했다고 상상해 봐요. 그걸 보고 "가장 오래된 배다"라고 말할 수 있을까요?

토론의 열기는 매우 뜨거웠고, 비유와 풍자와 통찰이 불꽃처럼 터져 나왔으며, 이야기는 자연스럽게 흘렀다.

그날 나는 집에 돌아와서 학생들의 훌륭했던 대화를 기억하며 글을 이어 갔다. 하지만 나는 도널드와 폴의 논쟁을 어떻게 풀어 가야 할지 고민이 되었다. 잠시 물러서서 그들의 입장을 다시 살펴보았다. 도널드는 배와 같은 물체의 지속성에 대해 그럴듯한 기준을 제시했다. 예를 들어 마리아호를 처음 만드는 데 사용된 재료 중에서 남은 것이 작은 나무조각일 뿐이라도, 그 배는 여전히 마리아호라는 다소 비직관적인 견해를 유지했다. 반면, 폴은 그에 대해 비판적이고 회의적인 입장을 취했지만, 도널드의 기준에 비견할 만한 자신만의 기준을 제시하진 않았다. 또한 자신의 회의적인 입장을 대신할 대안적 의견도 제시하진 않았다. 그래서 나는 이후 몇 주간 이 탐구를 더 진행했지만, 결국 의미 있는 진전이 되려면 아예 완전히 새롭게 출발하는 것이 더 좋겠다고 판단했다. 이 논쟁은 그해 말에 다시 다루기로 마음먹었다. 그때는 특히 인간 신체의 지속성, 나아가 인격의 지속성 문제에 대해 다루어 보려고 했다. 그러나 결국 우리는 이 문제를 다시 다루지는 못했다.

아래는 내가 쓴 이 이야기의 결말이다.

"그 배에 예전 배의 혼이 있는지 어떻게 알아? 그리고 용골이 왜 특별한 거야? 물속에 있어서 보이지도 않잖아." 프레디가 의심하며 물었다.

"음…… 보이는지 안 보이는지는 중요하지 않아." 앵거스가 대답했다. "볼 수 없어도 오래된 배일 수 있잖아. 내 생각에도 용골이 그렇게 특별한 건 아니야. 오래된 배에서 하나씩 교체되었고, 지금까지 남아 있는 오래된 판자가 있다는 게 중요하지. 그렇다면 그 배는 여전히 오래된 그 배인 거야. 잘 들어 봐. 이거랑은 달라. 에든버러성에서 돌을 하나 가져다가 그거 주위에 새 돌로 성을 쌓았다고 그게 에든버러성은 아니지. 마찬가지로 마리아호에서 판자를 하나 가져다가 그 주위에 새 판자를 이었다고 그게 예전의 마리아호는 아니야. 내가 아까 말한 거랑 지금 말한 거의 차이를 알겠어?"

"무슨 말인지 알겠어." 프레디는 무척 흥분한 목소리로 말했다. "네게 낡은 배가 있는데, 네가 그 배를 부수지 않고 그냥 낡은 판자를 하나씩 하나씩 새 판자로 교체했다고 해 봐. 그렇다면 모양이 조금 달라졌어도 그 배는 여전히 네 예전 배라는 거지?"

"그래, 용골이나 판자 문제가 아니야." 앵거스가 동의했다.

"맞아." 프레디는 더욱 신이 나서 말을 이어 갔다. "판자 몇 개를 더 교체했다고 다른 배가 되는 건 아니야. 그냥 새 판자를 바꾸어 나갈 뿐,

한꺼번에 모든 낡은 판자를 교체하지 않는 한, 그 배는 여전히 오래된 그 배인 거지."

"잠깐!" 이번에는 앵거스가 미심쩍어했다. "그렇게 자꾸 교체하다 보니 1982년에는 예전 배에 있던 아주 작은 판자 조각 말고는 모두 새로 교체되었다고 가정해 보자. 그래도 여전히 그 배는 예전의 그 배일 수 있을까?"

"만약에 판자 한 조각만 남아 있다면, 아무래도 예전의 배라고 부르는 건 무리인 거 같아." 프레디도 앵거스의 말에 동의했다.

"그렇다면 판자 한 조각이 아주 작지 않고, 이만큼, 조금 더 큰 판자라면 어떨까?" 앵거스가 손으로 책을 들고 물었다.

"그건 좀 지나친 거 아니야?" 프레디가 머뭇거리면서 말했다.

"그럼 어느 정도 남아 있어야 할까?" 앵거스는 계속 질문했다. "아주 큰 판자 하나? 그 정도면 그 배를 예전의 마리아호라고 할 수 있을까?"

"모르겠어." 프레디는 지금까지 생각을 너무 많이 해서 지쳐 버렸다. "나 피곤해. 텔레비전이나 보자."

지식

진짜 상추씨라는 걸 어떻게 아나요?

나는 최근에 아주 특별한 유치원 수업을 알게 되었다. 교사가 토론 수업에 관심이 많아서, 아이들의 토론 내용을 녹음해 놓았다가 전부 기록해 놓는다는 것이다. 그 모음집에는 다양하면서도 훌륭한 토론들이 정말 많이 있다. 아이들은 상상력이 풍부한 데다 장난기가 많고 창의적이며, 놀라울 정도로 자유롭다. 교사 덕분에 토론은 무척이나 신선했다.

아래 대화를 보자. 이 대화는 유치원에서 상추씨를 심고 나서 이루어졌다고 한다.

에디: 이게 정말 상추인지 우리가 어떻게 알아요?
교사: 상표에 '상추'라고 쓰여 있잖아요?
에디: 만약에 토마토씨라면 어떻게 해요?
교사: 아, 씨앗 봉투에 상추하고 토마토가 같이 그려져 있어서 그렇게 생각하는구나. 그건 나중에 상추가 자라면 토마토랑 같이 샐러드 해

서 먹으라는 거예요.

워렌: 만든 사람들이 상추씨를 잘 모를 수도 있잖아요.

얼: 어쩌면 상추씨와 토마토씨가 비슷하게 생겨서 헷갈렸을지도 몰라요.

리사: 상추씨가 아니라면 꽃씨 가게로 다시 가져가야지.

디애나: 아니야, 그건 가게 사람들이 만드는 게 아니야.

에디: 꽃씨 농장에 가져가야 해요.

디애나: 어쩌면 농장 아저씨가 글자를 틀리게 쓸 수도 있어요.

에디 : 다른 씨앗을 모르고 넣었을지도 몰라요. 왔다갔다 하다가 다른 탁자로 간 거지요.

윌리: 농장 아저씨가 토마토씨랑 혼동할 수도 있어요.

워렌: 그렇다면, 우리가 심은 게 상추가 아니라 토마토겠네요.

에디는 지식에 대한 증거와 보증에 대해 질문했고, 다른 아이들도 곧장 탐구에 나섰다. 그리고 교사가 정말로 상추씨라고 믿는 것에 대해 그 생각이 틀릴 수도 있는 다양한 가능성을 생각했다. 이런 식으로 아이들은 지식에 대해 의문을 제기한다.

철학 수업에 참여해 본 사람이라면 누구나 '저 봉투에 든 씨앗이 상추씨라는 것을 안다'와 같은 어떤 주장의 정당화를 의심하는 질문에 익숙할 것이다. 한번 의심이 생기면, 그 의심을 합리적으로 없애기는 쉽지 않다. 그 안에 든 씨앗이 정말로 상추씨임을 알 수 있는 명확한 증거가 있을까? 혹은 그런 증거를 찾는다는 게 헛된 일일까? 결국 상표가 잘못될 수도 있고, 농장 직원의 기억이 잘못될 수도 있다. 심지어 전문적인 원예사의 실수일 수도 있다. 그렇다면 봉투의 씨앗이 상추씨라는 걸 정확히 알 방법은 없는 걸까? 물론 우리도 상추씨를 심고 나서 유치원 아이들처럼 의심이 생길 수 있다. 그 씨앗에서 싹이 트지 않으면 그게 상추씨인지 아닌지 확인할 방법은 없는 거고, 싹이 텄다고 하더라도 그게 상추인지 식별하는 데 문제가 있을 수 있다. 어쨌든 우리의 결론은 그 씨앗이 상추씨였거나 아니면 상추씨가 아니었다는 것이다. 어쩌면 우리가 상추씨인지 아닌지를 제대로 알 수는 있는 건지 계속 의문이 남을 수도 있다.

최근 우리 집에 도시에 사는 손님이 왔었다. 그녀는 우리가 소풍을 가자고 하자 매우 기뻐했다. 그러나 우리가 야생 블루베리를 따서 먹을 거라는 말을 듣고는 깜짝 놀랐다. "내가 어떤 게 먹을 수 있는 건지 어떻게 아나요?" 그녀는 진심으로 걱정했다. "쉬워요. 우리가 가르쳐 줄게요."라고 말했지만, 그녀는 안심하지 않았다. "곤란하네요. 내가 안 먹겠다고 거절해서 당신을 불쾌하게 만들든지, 아니면 먹을 수 있는지 확신도 없으면서 받아먹든지 해야 하는 거잖아요." 그녀가 볼멘소리로 말했다. 나도 살짝 따지듯이 물었다. "가게에서 산 딸기가 딸기라는 건 어떻게 믿어요?" 난 나의 대응이 맘에 들었다. 그러나 그녀의 답은 재빨랐다. "난 그걸 먹어 본 경험이 많거든요." 그녀가 웃으며 말했다.

여러분이 이미 짐작했듯이, 난 그 씨앗 토론 수업에 정말 끼고 싶었다. 봉투 안에 든 작은 씨앗이 상추씨인지 아닌지를 알 수 있는지, 만약 알 수 있다면 어떻게 알 수 있는지에 대한 수수께끼를 그 아이들과 함께 풀어 보고 싶었다. 나는 사실 그 유치원 교사가 아이들을 단지 실제적인 것에만 몰두하도록 이끈 것이 좀 아쉬웠다. 겉보기에 완전한 상추씨 봉투 안에 상추씨가 들어 있지 않을 수도 있는지에 대해 생각한다는 것은 실제적인 문제가 아니다. 특히 초점이 그 안에 든 것이 상추씨라는 것을 우리가 어떻게 확실히 아는지(강하게 믿는 것과는 대조적으로) 여부에 관한 것이라면 더욱 그렇다. 이런 지점이 바로 실제적이 아닌, 순수한 성찰이 시작되는 지점이다.

부모와 교사들은, 심지어 감수성이 높고 선의를 가진 사람들조차, 왜 아이들의 생각에서 순수한 성찰의 순간을 알아차리지 못하는 걸까? 또한 아이들이 왜 그렇게 하는지를 인식하지 못하는 걸까? 아마도 그들이 아이들의 능력, 특히 인지적 능력의 발달에 대해 완고하기 때문일 것이다. 아이들의 사고는 당연히 초보적이며, 어른들이 생각하는 규정을 따라 발달한다고 가정한다. 그러나 우리가 초보적이라고 간주하는 아이들의 사고가 오히려 우리 어른들이 설정한 교육의 목표보다 더 나은 열린 성찰일 수도 있다. 우리는 발달 개념을 가지고 아이들의 말을 걸러 냄으로써, 그러한 말들이 가진 철학적 탐색의 기회를 막고 있다. 그렇게 함으로써 아이들의 존재는 물론 그 아이들이 가진 진지함과 장난기 가득한 철학적 견해를 모두 막고 있는 것이다.

나는 특정한 어떤 씨앗이 상추씨인지를 알 수 있는지 없는지에 대해 세인트메리학교 철학토론반에서 다뤄 보기로 했다. 나는 조지가에 있는 화원에 가서 상추씨라고 적힌 씨앗 봉투를 하나 샀다. 나는 우선 아이들에게 봉투 안에 들어 있는 씨앗이 진짜로 상추씨라는 걸 우리가 알 수 있는지 물어보기로 했다. 그리고 그 활동을 확장해 보고 싶었다. 그래서 두 번째 씨앗 봉투를 사러 다시 화원에 갔다. 처음에 산 봉투 안의 씨앗과 비슷해 보이지만, 완전히 다른 것임을 확인할 수 있는 씨앗이 담긴 봉투를 사려고 했다. 아이들에게 그 봉투 안에 든 씨앗이 진짜로 상추씨라는 것을 우리가 어떻게 알 수 있는지, 혹은 아는 데 필요한 것은 무엇인지 질문할 계획이었다.

그러나 불행하게도 내가 간 화원에는 '속이 보이는 투명' 봉투가 없었다. 그래서 그 안의 씨앗이 상추씨처럼 보이는지를 외견상으로는 구별할 수가 없었다. 나는 아내에게 도움을 청했고, 그녀의 충고대로 당근 씨앗 봉투를 하나 샀다. 그리고 투명한 비닐봉투 두 개에 상추씨와 당근씨를 각각 옮겨 담았다.

그 시점에서 내게는 또 다른 야심이 생겼다. 충분조건이라는 개념을 소개하고 싶어진 것이다. 그래서 수업 초반에 그 개념을 먼저 다루었다. 나는 아이들에게 다음 주장을 위한 충분조건을 이야기해 보라고 주문했다.

(1) 저 사람은 나의 아버지이다.

아이들이 나의 격려에 힘입어 (1)의 충분조건을 만들어 냈다.

(2) 저 사람은 남자고, 나의 부모님 중의 한 분이다.

그리고 나는 투명한 씨앗 봉투 두 개를 아이들에게 보여 주고 그게 무엇이라고 생각하는지 물었다. '상추씨'를 포함해 다양한 추측이 나왔다. 나는 하나는 상추씨고 다른 하나는 당근씨라고 알려 주었다. 그리고 내 관심은 무엇인지를 추측하는 것이 아니라, 다음과 같은 문장의 충분조건을 찾아보는 것이라고 말했다.

(3) 이것이(두 개의 투명 봉투 중 하나에 든 씨) 상추씨라는 걸 나는 알아요.

나는 극적인 효과를 주기 위해서 다음의 상황을 상상해 보라고 했다. 엄마가 텃밭에 상추씨를 심으라고 했다. 그런데 어쩌나, 여러분은 봉투에서 이미 상추씨와 당근씨를 꺼냈고, 어떤 씨앗이 어느 봉투에서 나온 건지 기억이 나지 않는다. (하지만 아이들은 이 상황 제시와 상관없이 토론을 이어 갔다.)

"난 그냥 둘 다 한 곳에 심을 거예요. 그럼 난 상추와 당근을 모두 얻게 되겠죠." 마틴은 매우 실제적이었다.

"그래요. 하지만 어떤 씨앗이 상추씨인지 어떻게 알 수 있을까요?" 하고 물었다.

"봉투에 쓰여 있지 않을까요?" 마틴이 답했다.

"그럴 수 있겠네요." 내가 말했다. 그리고 나는 마틴의 주장을 충분조건을 보여 주는 조건문으로 만들어서 칠판에 썼다.

(4) 만약 봉투에 "상추씨"라고 쓰여 있다면, 우리는 그것이 상추씨임을 알 수 있다.

나는 이 조건문의 앞 문장에 줄을 긋고, 만약 그 조건이 사실이라면, 그 앞 문장은 "내가 그것이 상추씨임을 안다"는 결론을 위한 충분조건이 된다는 것을 아이들에게 상기시켰다.

이 지점에서 아이들은 유치원 아이들과 달리, 봉투에 쓰인 것이 틀릴 리가 없다고 확신하는 듯했다. 아무도 (4)번 진술에 대해 의심하지 않았다.

충분조건에 대한 또 다른 의견이 제시되었다. 마틴은 씨앗을 둘 다 심고, 상추가 자라는 봄까지 기다리면 된다고 다시 주장했다. 나는 마틴에게 그 의견은 '나는 그것이 예전에 상추씨였다는 것을 안다'에 대한 충분조건이기는 하지만, '나는 현재 그것이 상추씨라는 것을 안다'에 대한 충분조건은 아니라고 말해 주었다.

"표본을 이용하는 건 어때요? 먼저 각각 두 알씩 꺼내고 어디에서 꺼냈는지 표시해요. 그리고 그걸 좀 더 빨리 자라게 온실에 심는 거지요. 거기서 자란 상추를 관찰하면, 이제 어떤 것이 상추씨인지 알게 되는 거고, 그러면 상추씨를 맞게 심을 수 있어요." 갑자기 폴이 신이 나서 말했다.

그 아이디어는 기발했다. 어떤 게 상추씨인지 안다는 것은 그 씨앗이 상추가 될 특정한 잠재성을 가지고 있다는 것을 아는 것이다. 따라서 각 씨앗이 가진 잠재성을 빠르게 확인해서, 어떤 것이 상추씨인지를 구별하면 된다. 이렇게 해서 어떤 게 상추씨인지를 안다면, 그걸 꺼낸 봉투에 든 씨앗이 상추씨라는 걸 추리할 수 있게 된다.

그런데 에스더는 상추씨가 어떤 투명 봉투 안에 들어 있는지 정말 궁금해했다. 그래서 나는 지식의 충분조건 탐구를 중단하고 아이들에게 추측해 보라고 했다. 내 기억에 반 정도는 맞혔다.

난 다시 칠판에 쓰인 조건문 (4)로 돌아가려고 애썼다. 나는 '상추씨라고 봉투에 쓰인 것만으로도 내가 정말로 이게 상추씨라는 걸 아는 데 충분한가?' 하는 것을 알고 싶다고 했다.

마틴: 글쎄요, 사람들이 봉투에 잘못 넣었을 수도 있겠죠.
에스더: 그럴 거 같지는 않아요.
마틴: 그게 진짜로는 해바라기 씨앗일 수도 있는 거죠.

그때, 아이들이 씨앗 봉투가 밀봉된 게 아니라고 혼동할 수도 있겠다는 생각이 들었다. 그래서 나는 (4)번 진술문을 좀 더 명료화했다.

(4*) 만약 밀봉된 봉투에 '상추씨'라고 표시되어 있다면, 우리는 그것이 상추씨라는 것을 알 수 있다.

나는 모두 이 조건에 만족하는지 물었다. 아이들은 모두 그렇다고 했다.

나: 밀봉된 봉투에 '상추씨'라고 쓰인 것만으로 충분한가요? 그래도 상추씨가 아닐 수 있다고 의심하는 사람은 없나요?
모두: 없어요.
마틴: 글쎄요, 여러분은 그걸 모두 심었다가 내년 여름에 정원이 온통 해바

라기 천지인 걸 볼 수도 있어요. 아마 실망할 겁니다.

폴: 하지만 해바라기 씨앗은 보기에도 달라요.

마틴: 그 씨앗이 밀봉된 봉투 안에 있다면, 우리는 그걸 알 수가 없지요, 안 그런가요?

에스더: 하지만 정원 가꾸기에 경험이 많으면 알지 않을까요?

마틴: 그럼, 그걸 심었는데 수선화 같은 것이 자랐다고 가정해 봅시다.

누군가: 그건 구근인데요?

마틴은 여전히 회의적이었다. 그러나 다른 아이들은 그의 의심을 받아들이지 않았다. 그래서 나는 그 문제에 관한 토론을 일단락 짓고 원래의 이야기 수업으로 돌아갔다.

다음 주에 다시 지식의 충분조건을 묻는 문제로 돌아갔다. 왜냐하면 지난주에 있었던 아이들의 토론 내용을 기록하면서, 나는 마틴의 회의적인 태도가 지속되었다는 것, 그런데 우리가 그것을 제대로 고려하지 않았다는 점에 대해서 좀 놀랐기 때문이었다. 나는 후속 토론을 위해 다음과 같은 유인물을 복사해서 아이들에게 나누어 주었다.

우리는 '봉투에 상추씨라고 표시되어 있으면, 그 안에 든 씨앗이 상추씨라는 것을 우리가 알 수 있는 건지'에 대해서 토론했다. 나는 조건문의 선행절이(봉투에 상추씨라고 표시되어 있으면) 결론을 (그 안에 든 씨앗이 상추씨라는 것을 우리가 알 수 있다) 위한 충분조건이 아닐 수도 있는지 물었다.

모두: 아니요. 그럴 일은 없어요.
마틴: 글쎄요. 우리가 씨앗을 모두 심는다면, 다음 해 여름에 정원 가득히 해바라기가 피어 있는 걸 볼 수도 있어요.
폴: 해바라기씨는 보기에 달라요.
마틴: 하지만 만약 밀봉된 봉투에 담겨 있다면 알 수 없죠, 그렇지 않나요?
에스더: 하지만 정원 일에 경험이 있다면 구별할 수 있어요.

나는 우리가 마틴이 낸 의견이 가능한지에 대해서 생각해 보지 않았다고 말했다. 아이들은 자기들의 대화가 인쇄되어 손에 쥐어졌다는 것을 아주 좋아했다. 나는 아이들이 그 유인물을 보면서, 우리가 함께 토론한 일의 중요성에 대해 좀 더 느꼈기를 바란다. 아이들은 확실히 지식에 대한 충분조건에 대해 다시 생각할 준비가 되어 있었다.

"어느 정도는 알 수 있는 거죠. 의심할 게 없어요." 폴이 이번에는 꽤 신중하게 말했다. 나는 아이들에게 유인물을 다시 보자고 했다.

마틴: 나는 봉투에 상추씨라고 쓰여 있어도 해바라기가 자랄 수 있다고 생각해요.

폴: 해바라기씨는 생긴 게 달라요.

나: 그러면 칠판에 쓰인 문장이 어떻게 되는 건가요?

다니엘: (칠판을 보면서) 만약 봉투에 상추씨라고 표시되어 있다면, 나는 그게 상추씨라는 것을 안다는 거죠.

이즈: 봉투에 토마토씨를 넣었을 수도 있어요.

    아이들이 이제 조금씩 회의적으로 생각하는 듯했다. 나는 아이들이 지식의 충분조건 탐구로 돌아가도록 노력했다.

나: 그러나 여러분이 '해바라기씨는 다르게 보인다'고 말한다면……

다니엘: 맞아요, 달라요.

나: 좋아요. 그러면 앞 문장에 이렇게 덧붙여야 해요. '만약 봉투에 상추씨라고 쓰여 있는데 그게 해바라기씨와 달라 보인다면'……

폴: 아니에요. 토마토씨일 수도 있잖아요.

나: 좋아요. (칠판에 쓰면서) 혹은 토마토씨와 달라 보인다면……

폴: 혹은 사과나무 씨앗.

나: (다시 칠판에 쓰면서) 혹은 사과나무 씨앗.

마틴: 혹은 당근 씨앗

나: (쓰면서) 혹은 당근 씨앗.

나는 아이들의 말을 종합해 보려고 했다. "만약 누군가가 '해바라기씨는 다르게 보인다' 혹은 '당근씨는 다르게 보인다' 혹은 에스더가 말한 대로 '전문가라면 알 수 있다'라고 말한다면……."

마틴: 하지만 심는 사람이 전문가가 아닐 수도 있어요.
나: 그렇다면, 이렇게 말할 수 있겠죠? '전문가라면, 알 수 있다.'
폴: 만약 아주 믿을 만하게 만들었다면……

이번에는 에스더가 조심스러워졌다. 에스더가 폴에게 말했다. "그래도 그 봉투들이 잘못됐을 수도 있어."

폴: 백 개의 봉투 중에서 하나쯤 틀릴 수 있는 거지요.
에스더: 폴이 백 개의 봉투 중에서 바로 그 하나를 가졌을 수도 있죠, 안 그런가요?
폴: 에스더는 지금 그냥 상황을 어렵게 만들고 있어요.
(모두 웃음)

에스더는 아마추어를 전문가로 만들 아이디어를 제시했다. 봉투의 뒷면에 다양한 종류의 씨앗 사진을 넣고, 씨앗과 사진이 일치하는지 보면 된다는 거다. 이번엔 폴이 까다로워졌다. "사진으로 다 보여 줄 수는 없어요." 폴이 말했다. "만약 파인애플씨면 어떻게 해요?"

(웃음)

"안이 비치는 봉투일 수도 있어요. 그래서 안에 든 씨앗을 볼 수 있는 거지요. 그러면 씨앗을 사진과 비교해 볼 수 있어요." 마틴은 에스더의 제안을 다듬었다.

"그렇게 하려면 돈이 너무 많이 들어요. 어쨌든 우리는 그걸 만든 사람을 믿어야 한다고 생각해요." 폴이 반대했다.

폴의 지적은 매우 적절했다. 철학자들은 지식에 대한 분석을 사회적 맥락으로부터 추상화하여 토론하는 경향이 있다. 그러나 '실제 삶'에서 어떤 지식을 알고 있다고 말하기 위해서, 먼저 그에 대한 이론적 충분조건을 만족시켜야 한다면, 상당히 불쾌하고 비도덕적일 수 있다. 더구나, 비전문가가 다리가 안전하지 않다거나 음식이 상했다고 했을 때, 그가 전문가가 아니라는 이유로 그 말을 무시하는 것은 부적절하고 비도덕적인 일일 수 있다.

하지만 난 그럴 수도 있겠다고 약간의 언급만 했을 뿐, 폴의 말을 인정하지 않았다는 걸 고백한다. 대신에 난 계속 강행했다. 아이들의 말을 모두 칠판에 덧붙여 나간 것이다. 전문가에게 물어보거나 사진을 확인하는 것처럼 확실하게 알 방법에 대해 아이들이 말할 때마다 조건절의 앞 문장에 덧붙였다.

폴: 이건 좀 바보 같아요. 상추씨를 사는데, 그게 해바라기씨가 아니라는 것을 확실히 하기 위해서 이 모든 과정을 거쳐야 한다는 게요.
나: 맞아요. 어쩌면 그럴 수도 있겠네요. 그렇다면 우리는 '진짜 알 수는 없다'라고 말해야 할 겁니다.
폴: 진짜로 알지는 못하겠죠. 그러나 이렇게 함께 토론해 본 것은 충분히 멋진 시도였어요.

이 두 토론의 녹취록을 돌아보면서, 나는 내가 회의론을 부추긴 방식에 놀랐다. 보통은 그렇게 하지 않는다. 적어도 나는 그렇게 한다고 생각하지 않는다. 내가 부추긴 회의론은 오래되었지만 늘 새로운, 참된 지식은 수정 불가능하다는 생각에 근거한다. 즉, '만약 내가 진짜로 그것이 상추씨라는 것을 안다면, 실제로 난 실수하지 않았을 뿐만 아니라 실수할 가능성도 없다. 반대로 내가 실수할 가능성이 있다면, 나는 진짜로 아는 것이 아니다.'

지식에 대한 이 '강력한' 개념은 아주 오래되었다(플라톤 『국가』 477e). 그러나 플라톤의 지식 개념 즉, '지식이란 그렇다고 믿을 만한 건전한 이유로 정당화될 수 있는 참된 믿음이다'는 조금 약한 개념이다(플라톤 『메논』 98a

와 『테아이테토스』 201d 참고). 이 약한 지식 개념(정당화된 참된 믿음)은 절대적 확신을 요구하지 않는다. 실제로 오류가 없고, 충분한 근거를 가진 믿음이기만 하면 된다.

철학의 한 분야인 '인식론(혹은 지식에 대한 이론)'의 역사는 이 약한 개념의 지식이 가져야 할 필요조건과 충분조건이 무엇인지를 끊임없이 탐구한 역사이다. 나는 대학생들과 지식이 무엇인지 분석하는 대화를 할 때, 먼저 강한 개념으로 자극한다. 즉, 오류가 가능하다면, 진짜 지식은 있을 수 없다고 주장하는 거다. 이어서 나는 강한 개념을 따르다 보면 지식이라고 할 만한 게 있을지 물어본다. 그리고 나서 나는 약한 개념의 지식이 가진 필요조건과 충분조건을 찾아보도록 학생들의 관심을 이끈다.

그러나 나는 세인트마리학교 토론에서 이 방법을 사용하지 않았다. 그 이유는 놀랍게도 아이들이 내 예상보다 '절대적 확신'에 관해 별로 관심이 없었기 때문이다. 확실히 마틴의 회의론은 (1) "진짜 지식"과 폴이 말했던 "어느 정도의 지식"의 구별, (2) "진짜 지식"은 실수 가능성이 없어야 한다는 가정, 이 두 가지를 기반으로 하고 있다. 그러나 대부분의 아이들은 '어느 정도의 지식'에 매우 만족하는 것 같았다. 어쩌면 지식에 대한 어느 정도의 적절한 성취에 만족하는 것도 지혜일 것이다.

단어

단어가 없어도 서로 통할 수 있을까요?

어느 날, 나는 『걸리버 여행기』 복사본을 가지고 세인트메리학교에 갔다. 그리고 토론반 아이들에게 다음 구절을 읽어 주었다.

우리는 언어연구원에 갔다. 그곳에는 세 명의 교수가 자기 나라 언어를 어떻게 고치면 더 좋을지 의논하고 있었다.

첫 번째 주제는 대화의 길이를 줄이기 위해서 다음절어를 단음절어로 줄이고, 동사와 부사를 생략하는 것이다. 실제로 상상할 수 있는 게 모두 명사뿐이라는 게 그 이유였다.

또 다른 주제는 모든 단어를 어떤 식으로든 완전하게 폐지하자는 거였다. 그렇게 하면 간결할 뿐 아니라 건강 면에서도 이점이 많다고 역설했다. 우리가 단어를 말할 때마다 폐가 부식되어 줄어들고, 결과적으로 우리의 수명이 단축될 게 분명하다는 것이다.

"단어는 단지 사물의 이름일 뿐입니다. 따라서 어떤 특정한 일에 대해 말하고자 한다면, 그에 필요한 사물을 가지고 가서 표현하는 게 더

편리하지 않을까요?"

다만 불편한 점이 있기는 한데, 만약 말해야 할 내용이 너무 많고 종류가 다양하다면, 들고 다녀야 할 짐이 너무 많다는 것이다. 만약에 짐을 들어 줄 힘센 도우미가 없다면 진짜 힘들 거라고 했다.

나는 예전에 그 교수들과 같은 생각을 가진 두 명의 현자를 본 적이 있다. 그들은 보따리상처럼 자기 짐의 무게에 눌려 거의 쓰러지기 직전이었다. 그들은 길에서 만나면, 짐을 내려놓고 자루를 열고는 사물들을 꺼내서 한동안 이야기를 나누었다. 그리고 이야기가 다 끝나면, 각자의 사물들을 다시 싼 후에 서로 도와서 등에 지고는 헤어졌다. 이 방식이 가진 또 다른 커다란 장점은 그것이 이 세상 누구와도 대화할 수 있는 보편언어가 될 수 있다는 거다. 문명을 가진 모든 국가의 사물이나 상품들은 대개 같거나 유사하기 때문이다.

이 이야기에는 내게도 껄끄럽고 아이들에게도 생소한 어휘들이 있어서 의역했다. 아이들이 '사물로 대화하기'라는 말을 이해했을 때, 나는 내 배낭에서 다음 항목들을 포함하여 20가지 물건을 꺼냈다. 그리고 아이들이 그것을 살펴보게 했다.

장난감 경찰차   볼펜
공룡 피규어   종이 한 장

장난감 복면　　커다란 집 열쇠

장난감 총　　장난감 병정 몇 개

장난감 병아리　손목시계

고무줄　　동전 몇 개

그리고 아이들에게 우리가 할 게임을 소개했다. 우선 내가 꺼내 놓은 사물들을 이용해서 각자 말할 수 있는 문장을 생각하게 했다. 아이들은 그 문장을 종이에 적고 접어 두었다. 그리고 한 명씩 다른 아이들에게 사물을 이용하여 자신의 문장을 말하면, 아이들은 그 문장이 무엇인지 추측하는 것이다. 나는 추측한 내용들을 칠판에 적었고, 아이들은 그 내용을 종이에 쓰인 문장과 비교했다.

마틴은 곧바로 '그리고'를 보여 줄 사물은 없다고 불만을 제기했다. 나는 마틴에게 훌륭한 지적이었으며, 그에 관한 토론은 다음으로 미루고, 지금은 우선 이 게임을 하자고 말했다.

아이들은 신나게 게임을 즐겼다. 아이들의 문장은 대부분 길고 복잡했다(나라면 훨씬 더 간단한 문장을 만들었을 것이다). 대부분 장난감 총에 관한 문장이었는데, 누군가를 쏘거나 위협한다는 문장이었다. 장난감 총은 정말 인기가 많았다(사실 어른들과 이 게임을 했을 때도 총이 가장 인기 있기는 했다).

아이들은 자신의 문장을 놀라울 정도로 잘 전달했다. 팬터마임에 능숙하기 때문인데, 사실 그것은 이 게임에서 중요한 부분이 아니다. 아이들이 이 게임을 좋아해서 토론 시간 내내 했다. 드디어 토론을 시작했을 때는 아이들 대부분이 통학버스를 타거나 다른 일정을 위해 교실을 떠나야 했다.

우리는 마틴의 불만으로 토론을 시작했다. 마틴은 게임 중에 '그리고'라고 불릴 사물이 없어서 '그리고'를 보여 주거나 가리킬 수가 없었다고 했다. 폴도 자기 문장 속에 '그리고'가(사실 다른 아이들도 '그리고'를 사용했다) 있었다면서 아이들이 '그리고'의 의미를 알아낼 수 있게 연기를 해야 했다고 말했다.

"사물만 사용해서 말할 수는 없다는 건가요?"라고 내가 물었다. "네." 마틴이 답했다. 곧 마틴도 떠났고, 도널드와 폴, 그리고 나만 남았다. 우리 셋은 잠시 각자 생각에 잠겼다. 도널드는 말하지 않아도 되는 의사소통 방법을 제안했다. 단어를 고르고 그것을 가리키면 된다는 것이다. 예를 들어, 내가 가져온 책 표지에 쓰인 '그리고'를 가리키는 거다. 나는 그것이 말하지 않고 언어를 사용하는 방법이라는 것에 동의했다.

"그러면 그들은 책이 뇌를 부식시키기 때문에, 읽으면 안 된다고 말할 거예요."라고 폴이 말했다. 폴은 걸리버에서 단어 대신에 사물을 이용하자고 했던 근거를 장난스럽게 회상한 것이다.

나: 어쨌든 단어 대신에 사물을 이용한다는 생각은 어떤가요?

폴: (동시에 여러 개의 사물을 집어 들고는) 만약에 이렇게 말한다면, 아무도 이게 무슨 의미인지 이해하지 못할 거예요.
나: 그래서 연기가 필요하다는 거군요.
폴: 네, 저는 사물만으로는 불가능하다고 생각해요.
도널드: 엄청나게 많은 사물이 필요할 거예요. 수천 가지요.

이런 흐름으로 논의가 진행되었다. 그러다가 폴이 하나의 예를 들었다. 상상을 통해 사례를 대는 것은 이와 같은 추상적인 토론에서 진전을 이루는 데 가장 중요한 기술 중 하나이다. 나는 어른들에게도 예를 들어 보는 습관을 기르라고 말한다. 폴에게 이 습관은 천성적이다.

"만약 냉장고에 가서 버터를 가져오라고 말하고 싶다고 가정해 보세요."라고 폴이 제안했다. "그러면 냉장고로 걸어가서 그것을 집으면 돼요."

나는 굳이 냉장고까지 가지 않고, 장난감 냉장고를 사용하는 전략을 제안했다. 하지만 이때 나는 장난감 사용의 애매함에 대해서는 언급하지 않았다. 즉, 실제 냉장고와 특정한 장난감 냉장고 사이의 애매성 말이다. 그 장난감은 실제 냉장고의 한 모형일 뿐이고, 그 장난감 냉장고들 중 하나의 표본일 뿐이다. 대신 나는 명령어를 표현하는 문제에 집중했다.

나: 행동 없이 '냉장고로 가세요'라고 말할 수는 없을까요?
폴: 그럴 수는 없어요. 냉장고에 가서 문을 열고 버터를 가리켜야 해요. 그

래야 다른 사람이 이해할 거예요.

나: 그들이 '냉장고에 버터가 있다'라는 말로 받아들이지는 않을까요?

"그러니까," 하고 폴이 잠시 침묵에 잠겼다. 그러다 말했다. "그건 다른 거 같아요." 그리고 잠시 후에 말했다. "만약에 우리가 어렸을 때 말하고 싶은 것을 말 대신 행동으로 표현하는 것으로 배웠다면, 혼동하지 않을 거 같아요."

도널드: 만약에 단어로 말하는 게 자연스러운 게 아니고, 어떤 사물을 가지고 행동하는 게 자연스러운 거라면, 음…… 할 수는 있겠죠. 하지만 그건 뭔가 아주 끔찍한 일일 거 같아요.

나: 질문하고 싶을 때는 어떻게 하죠?

도널드: 그건 어려워요.

폴: 아주 매우 어려워요.

도널드: 물론 물음표를 집어 들고 말할 수는 있겠죠.

도널드의 생각은 우리가 물음표 카드를 만들어서 질문할 때마다 그걸 이용할 수 있다는 거다. 폴의 얼굴이 달아올랐다. 그는 신이 나서 물었다. "그런데 '지금 토론 중인 주제가 뭐지요?' 하고 질문하고 싶다면, 어떤 일이 벌어질까요? 우린 말할 수 없어요. 왜냐하면, 그러니까 내 말은 그게 실제로 있는 게 아니기 때문이에요."

폴의 생각은 아주 훌륭했다. 논의 중인 토론 주제가 무엇인지 묻는 것은 논의하고 있는지 여부를 묻는 것이 아니다. 따라서 가리키거나 보여 주기가 어렵다. 의심의 여지 없이 '토론 주제가 무엇인가?'라는 문장 속에 있는 '토론 주제'가 어떤 실재적인 것을 지칭한다고 가정할 수는 없기 때문이다. 어떤 경우에도 토론 주제라는 말은 가리켜지거나 보여 줄 수 있는 어떤 실재하는 것의 이름이 아니다.

폴은 한숨을 내쉬면서 도널드와 자기 생각 모두를 대변하려 했다. 요약하자면 이렇다.

"이런 식으로 말하는 것은 삶에 있어서 매우 원시적인 방식인 거 같아요. 우리는 이런 종류의 모든 질문을 할 수 없어요. 나는 지금 우리가 하고 있는 방식이 최선이라고 생각해요. 다르게 바꾼다는 건 정말 어려운 일이에요."

다음 주에 나는 걸리버의 구절을 의역하고, 거기에 지난주의 토론 내용을 곁들여서 이야기를 하나 만들었다. 이 주제에 대해 좀 더 생각해 보도록 격려하기 위해서이다.

"너도 알겠지만, 걸리버 이야기는 농담 같은 거야." 하고 피오나가 말했다. "작가는 단어가 사물을 대신한다는 게 웃긴가 봐. 어쩌면 그 작가는 단어가 단지 사물을 대신하는 것만은 아니라는 것을 우리에게 보여 주려는 건지도 몰라."

"맞아. 누나 말이 맞을지도 몰라." 하고 프레디가 웃으면서 말했다. "난 그렇게 생각하지는 못했어."

그러다 프레디는 다시 심각한 표정을 지으면서 말했다. "그럼 누나, 도대체 단어란 게 뭐야?"

프레디의 마지막 질문에 다니엘은 비웃듯 큰 소리로 웃으면서, 그 질문을 반복했다. "단어란 게 뭐냐고?"

에스더: 다니엘, 그게 왜 웃긴가요?
다니엘: 누가 단어가 뭐냐고 물어본다고 상상해 봐요.

그때, 이 수업에 참여한 지 얼마 안 되는 아홉 살 리처드가 말했다. "그럼 다니엘, 단어가 무엇인지 말해 주세요." 그러자 몇몇 아이들도 다니엘을 몰아세웠다. "네가 알면 말해 봐, 다니엘."

"좋아요." 하고 다니엘은 잠시 멈추었다. "음…… 근데 그게 말하기가 어렵네." 그 말에 모두 "그것 봐!"라고 말했다.

압력이 계속되는 가운데 다니엘은 단어가 무엇인지를 말하려고 노력했다. "그건 형용사 같은 거예요." 다니엘이 입을 뗐다.

"그건 단어의 일부예요." 폴이 말했다. 나는 폴이 형용사가 단어의 한 종류라고 말하는 것이라 짐작했다.

그 후에도 대화가 이어졌다. 나는 다니엘을 가능한 한 격려하려고 애썼다. 다니엘에게 자신이 '단어가 무엇인지'에 대해서 설명할 수 있다고 생각하는지 물었다.

다니엘: 글쎄요…… 그러니까…… 아니요, 전 모르겠어요.

나는 우리의 교착상태가 철학 토론의 전형적인 특징이라는 점을 강조하고 싶었다. 철학 토론은 '단어란 무엇인가?' '시간이란 무엇인가?' '무언가를 안다는 것은 무슨 의미인가?'와 같은 아주 간단한 질문으로 시작한다. 그런 질문은 간단해서 대답하기 아주 쉬울 것 같지만, 조금 생각하다 보면 그게 쉽지 않다는 것을 깨닫는다. 제대로 대답할 가능성도 희박하다. 그러면 우리는 단어가 무엇인지, 시간이 무엇인지, 안다는 것은 무엇인지에 대해 모르는 걸까. 나는 이 모든 것을 말하고 싶은 유혹을 느꼈지만 참았다. 나는 다니엘에게 "말로 표현하기가 어렵지요, 그렇지 않나요?"라고 말하는 것으로 만족했다.

리처드가 동의했다. "네, 정말 어려워요. 어떻게 말로 표현해야 할지 모르겠어요."

다니엘은 탈출구를 갖게 되어 기쁜 듯했다. "그게 내가 말하고 싶었던 거예요. 말로 표현할 수가 없어요."

리처드는 이 이야기가 어떻게 끝날지 알고 싶어 했다. 나는 나도 모른다고 말하면서 어떻게 끝날 것 같냐고 물었다. "단어가 무엇인지에 대해 조금 더 알아봐야겠어요." 리처드가 대답했고, 난 동의하면서 재차 물었다. "단어는 무엇일까요?"

그러나 에스더는 벌써 3시 20분이고, 10분밖에 남지 않았다고 말했다.

"에스더는 단어가 무엇인지에 대해서 우리가 10분 안에 해결할 수 없다고 생각하는 거군요?" 하고 내가 물었다.

"네, 우리는 그렇게 못해요." 에스더는 단호하게 말했다.

나는 아이들을 다독였고, 토론은 다시 뜨거워졌다.

마틴: 단어는 그냥 원래 그런 거예요. 자연적인 거예요. 우리가 어쩔 수 없어요.

폴: 난 생각이 달라요. 단어가 원래 자연적인 건 아니에요.

마틴: 우리에게 원래 단어가 없었다면, 지금 어떻게 대화할 수 있겠어요?

나: 할 수 없죠.

폴: 그렇다고 단어가 원래부터 그렇게 된 건 아니에요. 자연적인 게 아니라고요. 만약 엄마가 우리에게 아무 말도 하지 않았다면, 우리는 그저 '

와와와 가가가……'라고 계속 말했을 거예요.
마틴: 그러면 엄마의 말은요?

마틴이 주장하는 '자연성'의 요점을 고려할 때, 그의 대답은 완벽했다. 그러나 폴은 꺾이지 않았다. "그건 엄마의 엄마가 엄마에게 말하는 것을 가르쳤고, 다시 엄마가 우리를 가르쳤기 때문이죠. 그렇게 올라가 보면, '음', '아', '후' 같이 최초의 단어가 생겼을 때로 돌아가는 거죠."

폴의 말이 끝나자마자 모두 원시 소리를 내기 시작했다. 소음 속에서 나는 토론을 계속 진행하기 위해 질문을 던졌다. "그렇다면 사람들이 어떻게 단어를 맨 처음에 사용하기 시작했을까요?"

"그냥 가리키는 대신에 보여 줄 무언가가 필요했겠지요." 폴이 대답했다.

이건 단어가 지칭하고자 하는 사물을 대체하는 것이라는 걸리버의 이야기로 돌아가는 것 아닌가. 그런 것 같다.

그런데 '언어가 어떻게 시작되었을까?'라는 질문이 갑자기 리처드의 상상을 사로잡았다. "아, 사람들이 단어를 어떻게 만들었을까요?" 그는 잠시 생각에 잠겼다. "사람들이 그냥 단어를 발명한 건 아니에요. '우리는 그냥 이 엄청난 발명품, 단어를 발명했다'라고 말할 수는 없어요."

나는 리처드에게 왜 그런지 물어보고 싶었다. 발명할 만한 단어가 없었기 때문일까? 아니면 단어가 발명하기에 적합한 게 아니기 때문일까? 아니면 먼저 단어에 대한 관념이 없으면, 단어를 발명할 생각을 할 수 없고,

그래서 발명할 게 없기 때문일까?

리처드의 언급에서 탐구하고 싶은 내용이 이렇게 많았지만, 그때 교실이 매우 소란스러웠다. 아이들이 한꺼번에 말했기 때문에, 다시 질서를 잡기 위해서 나는 뭔가를 해야 했다. 당시의 소음과 혼란 때문에 녹음테이프에서 그 부분을 정리하는 것은 거의 불가능했다.

마침내 교실이 조금 조용해졌을 때, 리처드가 말했다. "단어들이 끙끙거리기 시작했어요. 그러다가…… 모르겠어요. 갑자기……."

리처드는 단어가 없다면, 단어가 무엇인지 상상할 수도 없다고 생각했던 것 같다. 그래서 단어를 발명할 수는 없고 그냥 자연스럽게 생겼다는 것이다.

마틴의 생각도 비슷했다. "우리는 단어를 가지고 태어나요." 그는 거의 도덕군자 같은 어조로 말했다. "그리고 그 단어들을 당연하게 사용하는 거죠."

이어서 개나 다른 동물들도 단어를 사용하는지에 대해 열띤 토론이 이루어졌다. 이전 토론과 연결해서, 대부분 단어가 인간에게 자연적이라면, 똑같이 동물에게도 자연적이지 않을까 하는 의견들이었다.

마틴: 동물도 그들만의 단어가 있어요.

폴: 어떻게 아나요?

이즈: 개가 왜 짖을까요? 재미로 짖는 걸까요?

폴: 하지만 동물들은 '바로 그거(the)', '어떤 거(a)' 같은 말로 하지는 않아요.

하지만 이즈와 몇 아이들은 동물들도 그렇다고 했다.

폴: 개들이 짖는 소리는 다 똑같아요. 이걸 우리가 생각하는 단어라고 할 수는 없어요, 이즈!

마틴: 어쩌면 강아지들은 '단어'를 우리가 쓰는 의미와 다르게 생각할 수도 있죠.

이때, 난 비트겐슈타인의 말이 떠올랐다. "만약 사자가 말한다면, 우리는 그들을 이해할 수 없을 것이다." 비트겐슈타인의 말은 아마도 다음과 같은 의미일 것이다. 우리의 언어는 본질적으로 우리 삶의 방식에 맞추어져 있다. 따라서 비슷한 생활방식을 공유한 경우에만 단어의 의미를 제대로 인식할 수 있다. 삶의 방식이 극단적으로 다르다면, 단어를 이해하기 위한 기본적인 토대가 없는 것이다. 비트겐슈타인이 개가 아니라 사자를 선택한 것은 이런 점에서 중요하다. 개들은 중요한 여러 측면에서 인간의 삶의 방식에 친숙하기 때문이다. 따라서 우리는 사자나 박쥐보다는 개의 삶에 대해서 훨씬 더 잘 이해한다고 생각한다.

폴: 개가 짖는 것이 '나는 피곤해', '나는 배고파'같이 다양한 의미를 가질 수는 있어요. 하지만 다른 목소리나 톤을 낼 수 없어요.

에스더 : 우리 집에는 강아지가 세 마리 있는데, 그 강아지들은 이렇게 해요. (에스더는 강아지 소리를 다양하게 흉내 냈다.) 이게 강아지들의 단어예요. 하지만 그게 무슨 의미인지를 다 알 수는 없어요. 우리는 그것들을 생각해 낼 수 없어요.

폴이 마지막으로 의견을 제시했다. "내가 말하고 싶은 건 동물이 말은 하지만 그것이 단어는 아니라는 거예요."

3시 30분이 되었다. 우리는 10분 안에 단어가 무엇인지에 대한 답을 찾지 못했다. 그러나 우리는 『걸리버 여행기』의 흥미로운 사고 실험을 통해 우리가 사용하는 언어와 단어들에 대해서 매우 흥미로운 생각들을 상세히 탐구하였다. 후에 동료가 내게 말했듯이, 우리는 언어이론의 역사 대부분을 망원경으로 재조명한 셈이다.

시간 여행

시간 여행이 가능한가요?

어느 날, 마틴이 수수께끼 같은 이야기를 읽고 싶다고 해서 그러자고 약속했다. 나는 '시간 여행'에 대해 썼다. 시간 여행은 수수께끼 같은 이야기에 적절한 소재이다. 나는 아이들 대부분이 시간을 왔다 갔다 여행하는 이야기를 듣거나 TV로 봐서 그 주제에 매우 친숙할 거라고 확신했다. 사실 시간 여행은 철학적으로 매우 풀기 어려운 주제이다.

오늘날 대부분의 철학자는 시간 여행에 대해서 논리적 일관성을 가지고 설명할 수 없다고 말한다. 만약 그들이 맞다면, 누군가 시간을 돌아다닌 적이 있는지, 과거나 미래를 오가는 것이 얼마나 어려운 일인지를 묻는 것은 의미가 없다. 그런 건 논리적으로 아예 불가능하기 때문이다.

때로 철학자들 간에 시간 여행에 대해 골치 아픈 논쟁이 벌어지기도 하지만, 대부분은 시간 여행의 논리적 비일관성을 옹호하는 모양새일 뿐이다. 그런 면에서 이 주제에 대한 강력한 철학적 옹호도 없고, 그를 반박하는 비판적인 견해들도 별 관심을 끌지 못했다. 오히려 이 주제에 대한 개념

적이고 논리적인 어려움은 소설가들이 떠안게 되었다.

그러나 반전이 있다. 쿠르트 괴델(Kurt Godel)이다. 그는 20세기의 위대한 논리학자인데, 시간 여행에 필요한 연료를 계산하는 공식을 만든 적이 있다. 괴델은 시간 여행이라는 관념이 가진 역설에도 불구하고(예를 들면, 한 사람이 그가 살았던 가까운 과거의 장소로 돌아갈 수 있고, 거기서 그 시절의 자신을 만날 수 있고, 그리고 자신이 기억하지 못하는 어떤 행동을 하게 된다는 식의……), 우리의 논리적 근거만으로 그 가능성을 배제할 수는 없다고 했다. 이 시대 최고의 논리학자인 그가 시간 여행을 우스꽝스러워하지 않는다면, 우리도 그에 대해 어느 정도 진지하게 생각해 볼 여지가 있지 않은가.

이 문제에 대해 함께 생각도 해 보고, 수수께끼를 다루어 보고 싶다는 마틴의 요청도 들어줄 겸, 나는 '하얀 문'이라는 이야기를 하나 만들었다.

프레디와 앵거스는 어두운 복도를 걷고 있었다. 그런데 그들이 방금 통과한 문이 갑자기 쾅! 하고 닫혔다. 자물쇠로 문이 잠기는 소리도 들렸다.
"프레디, 우리가 갇힌 거 같아." 앵거스가 초조하게 말했다.
"반대쪽에 탈출구가 있을 거야." 프레디가 자신 없는 투로 말했다.
그들은 깜깜한 복도를 따라 걸었다. 점점 겁이 났다. 그러다 커다란 황동 손잡이가 달린 크고 하얀 문 앞에 다다랐다. 그 문은 무거운 자물쇠로 채워져 있었고, 문에는 커다란 빨간 글씨로 다음과 같이 쓰여 있었다. '매우 위험! 들어가지 마시오.' 그 아래에는 작은 검정 글씨로 'MOD 시간 프로젝트'라고 쓰여 있었다.

"안에 뭐가 있을까?" 하고 프레디가 나직하게 말했다.

"몰라. 'MOD'가 '국방부'의 약자 아니야? 그런데 시간 프로젝트가 뭔데 위험하다는 걸까?" 앵거스가 천천히 말했다. "일단 여기서 나가자."

그들은 빠르게 하얀 문을 지나 복도 끝까지 걸었다. 거기서 열쇠 꾸러미를 손에 들고 있는, 파란 유니폼을 입은 경비 아저씨와 마주쳤다.

"얘들아, 너희들 여기서 뭐 하니?" 그는 짜증을 내며 물었다.

"피오나 누나와 만나기로 했어요." 앵거스가 말했다. "과학도서관에서 일해요."

"그건 이 건물이 아니고 옆 건물이야."라고 아저씨가 말했다. "여긴 응용물리학 실험실이란다."

"아, 감사합니다." 앵거스가 그 으스스한 공간에서 나오게 된 것에 안도하면서 말했다.

"아저씨, 하얀 문에 '매우 위험'이라고 쓰여 있던데, 뭐 하는 곳이에요?" 경비원을 지나치다가 프레디가 멈춰 서더니 용기를 내어 불쑥 말했다.

"아, 그거······." 경비원 아저씨가 약간 불길한 목소리로 웃으며 말했다. "너희들, 거기에 들어가면 안 된다. 부모님을 다시는 보지 못할 거야."

"왜요?" 프레디가 끈질기게 물었다. 아저씨가 진지한 표정으로 허리를 굽히고 낮은 목소리로 말했다.

"얘들아, 그건 실험 중인 타임머신이란다. 만약 너희들이 그 안에서 문을 닫고 다이얼을 돌리면, 너희들은 더 이상 1982년에 살지 못하게 될 거다. 1882년이 될지, 1915년이 될지 알 수 없지."

"으아! 정말요?" 프레디가 놀라며 말했다.

"너희들은 어서 과학도서관으로 가는 게 좋겠다." 아저씨가 말했다. "더 이상 타임머신 주위에서 얼쩡거리고 싶지 않지? 안 그래?"

"고맙습니다." 프레디가 말했다. 프레디와 앵거스는 옆 건물로 향했다.

과학도서관에서 앨리스와 피오나를 만난 프레디와 앵거스는 매우 흥분하면서 자신들이 겪은 일을 말했다. 앨리스는 너무나 어처구니가 없어 했다. 시간 여행이라니…….

"타임머신?" 앨리스가 웃었다. "세상에, 너희들은 그 말을 믿니?" 그 말에 프레디는 너무나 화가 났다.

"누나가 뭐든지 다 알아?" 프레디가 소리쳤다. "만약 누나가 그 기계에 갇혀서 1782년에 가게 되어도 그렇게 웃을래?"

"그건 불가능해." 앨리스가 침착하게 말했다. "네가 조금만 생각해 보면 알 수 있어. 그건 일어날 수 없는 일이야. 만약에 내가 1782년으로 돌아간다면, 1782년에 열여덟 살인 누군가가 있을 것이고, 그 누군가는 1764년에 태어났어야지. 하지만 그는, 그러니까 나는 실제로 1964년에 태어났지. 어떻게 한 사람이 1964년에도 태어나고, 200년 전인 1764년에도 태어날 수 있니? 그건 불가능해. 그러니까 그 하얀 문 뒤에 무엇이 있든, 그게 타임머신일 리가 없어. 그건 네가 보지 않고도 알 수 있는 일이야. 생각해 봐. 생각만으로도 알 수 있지 않니? 경비원이 너희들한테 장난친 거야."

프레디는 너무나 화가 났다. 앨리스 누나의 말을 인정할 수가 없었다. 누나는 자만심에 가득 차 있었다! 하지만 그는 냉정하게 누나의 말에 대해 다시 생각했다. 누나 말이 맞을까? 우리는 보지 않고도 하얀 문 뒤에 타임머신이 없다는 것을 정말로 알 수 있을까? 'MOD 시간 프로젝트'가 무슨 말이든, 그건 우리가 시간 여행을 할 수 있는 공간이라는 표시 아닐까? 만약 시간 여행이 불가능하다면, 그건 못하는 걸 거다. 하지만 우리가 그것을 확신할 수 있을까? 똑똑한 앨리스도 생각하지 못한 어떤 다른 가능성이 있을 수도 있지 않을까?

공교롭게도 내가 아이들에게 이 이야기를 소개하려고 했던 날, 에든버러 공작이 학교를 방문했다. 마틴을 비롯한 아이들 몇 명이 환영 행사에 가야 했다. 그래서 아이들 수가 줄었기 때문에 기대하는 만큼 좋은 토론이 되지 않을 거라고 생각했다. 그러나 여전히 토론은 전투적이었다. 에스더가 앞장섰다.

나 : 앨리스의 추론에 대해서 어떻게 생각하나요?
에스더: 앨리스는 몰라요. 프레디는 앨리스와 피오나를 하얀 문 안으로 밀어 넣었어야 했어요. 앨리스는 항상 자기가 옳다고 생각하지만, 언제나 그렇지는 않죠.

에스더는 앨리스에게 반감을 지닌 게 분명하다. 하지만 이번에도 앨리스가 틀렸을까? 곧이어 에스더가 시간 여행 소설의 광팬이라는 것이 밝혀졌다. 에스더는 앨리스의 주장에 대해서 그녀를 타임머신에 밀어 넣고 자신의 결론이 틀렸다는 것을 스스로 느끼게 해 주어야 한다고 생각한 모양이다.
나는 에스더와 다른 아이들에게 앨리스의 추론에 대해서 좀 더 자세히 생각해 보라고 다그쳤다. 나는 특히 한 사람이 두 번 태어날 수 있는지를 따져 보자고 했다.

만약 시간 여행이 가능하다면, 한 사람이 두 번 태어나야 한다.
하지만 한 사람이 두 번 태어나는 것은 불가능하다.
그러므로 시간 여행은 불가능하다.

닐과 다니엘과 이즈는 두 번 태어날 수 없다고 대답했고, 에스더는 태어날 수 있다고 했다.

"우리는 이전에 태어났을 수 있어요. 우리는 몰라요. 우리는 빅토리아 시대에 태어났을 수도 있어요. 우리는 예수가 다시 올 거라고 말하기도 하잖아요. 그러니까 예수는 두 번 태어날 수 있는 거죠. 누가 알겠어요?" 에스더가 말했다.

토론 후반에 나는 우리가 1940년으로 돌아갈 수 있는 타임머신을 가지고 있다고 가정해 보자고 했다. 그때 다니엘의 대답은 아주 훌륭했다.

다니엘 : 좋아요. 1940년으로 돌아가 봐요. 그런데 그건 얼마나 멀리 떨어져 있는 걸까요?

다니엘의 이 질문은 시간 여행을 풍자하거나 반대하는 방법일 수 있다. 그러나 앞서 언급한 괴델의 견해는 아인슈타인의 상대성 이론에 기초한 것으로, 상상 가능한 세계에서는 다니엘의 질문에 답이 있을 수 있음을 시사한다(충분히 아주 커다란 곡선으로 로켓을 타고 왕복함으로써, 그 세계에서는 과거, 현재, 미래의 어떤 지역으로도 여행을 갔다가 돌아올 수 있다. 정확히 다른 세계에서는 우주의 먼 곳을 여행하는 것이 가능한 것처럼 말이다). 나는 상대성 이론을 아이들에게 소개할까 하다가 그만두었다.

그날 토론에서 나온 중요한 점은, 재탄생이 불가능한 건 아니기 때문에 앨리스의 주장이 틀렸다는 에스더의 의견이었다. 수업 후에 나는 에스더의 생각을 참고해서 이야기를 좀 더 이어 나갔다.

어둠 속에서 함께 집으로 돌아가면서 프레디와 앵거스는 앨리스 누나의 말에 대해 이야기를 나누었다.

"누나는 몰라." 앵거스가 말했다. "만약 우리가 누나들을 그 크고 하얀 문으로 떠밀어 넣을 수만 있다면……."

"아니야, 어쩜 앨리스 누나가 맞을지도 몰라." 프레디는 좀 머뭇대다가 말했다.

"누나는 시간 여행이 불가능하다는 걸 알고 있어. 만약 누나가 그걸 안다면, 그 하얀 문 안에 있는 것이 무엇이든, 그게 타임머신이 아니라는 거고, 만약 누나가 그 방 안으로 떠밀려 들어가서 무슨 일이 일어난다 해도, 누나가 정말로 과거로 돌아가지는 않을 거라는 거지."

"앨리스 누나의 추론이 맞다는 거야?" 하고 앵거스가 굽히지 않았다. "한 사람이 1964년에 태어나고 다시 200년 전에도 태어난다는 게 말이 되니?"

"그래, 그게 앨리스 누나의 말이야." 프레디가 말했다. "그런데 잠깐! 그게 진짜 불가능한가? 아…… 그게 뭐더라…… 아, 환생?"

"그래, 환생!" 앵거스도 반복했다.

"그래, 그거야!" 프레디가 신이 나서 말을 이었다. "너도 제2의 인생을 사는 사람들에 대해 들어 본 적 있지? 난 TV에서 본 적이 있어."

"나도 봤어." 앵거스가 말했다. "예전에 비슷한 이야기도 있었어. 자기가 아주 오래전에 살았었다고 말한 사람 말이야. 그러다가 전쟁터에서 죽었잖아."

"그런데 어떤 사람들은 그런 일이 있을 수 없다고 생각하지." 프레디가 말했다. "그냥 다 지어냈다고 생각해. 하지만 불가능한 건 아니지, 안 그래? 그리고 환생이 불가능한 게 아니라면, 한 사람이 1964년에 태어나고 200년 전에도 태어나는 게 불가능하지는 않지. 그렇다면 앨리스 누나의 말은 틀린 거야. 우리가 그런 일이 일어난다는 걸 모를 뿐이지. 그리고 그런 일이 불가능하지 않다면, 시간 여행도 불가능하지 않아. 세상에! 앨리스 누나에게 빨리 말하고 싶다."

"네가 누나와 논쟁해서 이기면 좋겠다. 하지만 아마 앨리스 누나는 시간 여행이 불가능한 또 다른 이유를 생각해 낼걸? 누나와의 논쟁에서 이기는 건 거의 불가능해. 난 구경이나 할게." 앵거스가 지지를 보냈다.

"좋아, 재밌을 거야. 하지만 우리가 진짜로 과거로 돌아갔다고 상상해 봐." 프레디는 생각만으로도 몸이 떨렸다. "그건 정말 두려운 일이야!" 하고 작게 속삭였다.

크리스마스 연휴가 이어지는 바람에 우리가 다시 〈하얀 문〉으로 돌아가기까지는 꽤 오랜 시간이 걸렸다. 다음 해 1월에는 『치즈』를 읽고 토론했다. 우리가 다시 시간 여행으로 돌아간 것은 3월이 되어서다.

지난해, 마틴을 포함해서 학교 행사 때문에 이 이야기의 첫 수업에 빠졌던 아이들에게는 이 이야기가 새로운 것이었다. 특히 마틴은 처음에 수수께끼가 담긴 이야기로 토론해 보고 싶다고 제안했던 아이다. 그리고 1월에 새로 합류한 리처드도 있었다.

〈하얀 문〉을 계속해서 다루는 것에 대한 아이들의 반응은 뜨거웠다. 하지만 불행하게도 녹음기의 배터리가 수업 초에 방전되었다. 너무나 풍성했던 그날의 토론이 전혀 녹음되지 않았다는 것을 나는 집에 와서야 알았다. 나는 최선을 다해 토론 내용을 적어 보려 했지만, 늘 그랬듯이 내 기억은 원본에 비해 너무나 부실한 복제품에 불과했다.

토론 초반에 폴은 시간 여행의 가능성에 대해 매우 회의적이었다. 반면 도널드는 에스터를 옹호했다. 도널드는 전화기가 발명되기 전까지는 수천 마일 떨어진 곳에 있는 사람과 대화할 수 있을 거라고 아무도 생각하지 않았다고 말했다. 예전에 장거리 대화가 불가능하다고 생각했던 거나 지금 시간 여행이 불가능하다고 생각하는 게 다르지 않다고도 덧붙였다.

도널드의 비유는 적절했다. 라디오와 전화기가 발명되기 전에는 수백 마일 밖에 떨어져 있는 사람과 대화한다는 것이 단순히 물리적으로 불가능할 뿐만 아니라 논리적으로도 불가능해 보였을 것이다. 결국, 귀에 들리지 않는, 즉 청력 범위 밖에 있는 사람의 말을 듣는 것은 논리적으로 불가능하다고 말할 수 있다. 물론, '청력 범위 밖'이라는 말에는 두 가지 의미가 있다. 하나는 '자연적인 청력의 범위 밖'이라는 것이고, 또 다른 하나는 '도움을 받으면 들을 수 있는 청력의 범위 밖'이라는 것이다. 나는 이런 방식으로 의미를 구별하려고 노력하는 것이 적절한지 전혀 확신이 서지 않았다. 이것은 라디오나 전화기가 발명되기 전에는 생각할 수 없었던 구별이기 때문이다. 어쨌든 이런 식으로 시간 여행 역시 모순이 아니라는 것을 보여 줄 수 있을까?

도널드는 자기 비유의 적절성에 대해서는 언급하지 않았다. 하지만 그의 비유는 훌륭했다. 그는 또 다른 의견도 내놓았다. 시간 여행에 대한 회의론은 "어떻게 이런 일이 일어날 수 있어?"라는 다소 독선적인 질문 방식을 취한다. 그러나 장거리 대화에 대해서도 그런 질문을 할 수 있다. 더구나 오늘날에도 우리 대부분은 장거리 대화가 어떻게 가능한지 설명하지 못한다. 라디오와 TV의 전송은 그것과 함께 자란 우리에게도 여전히 마법처럼 보이기 때문이다.

토론의 어느 시점에서 마틴은 회의적인 쪽을 선택했다. 그는 시간 여행이 가능하려면, 전 세계가 함께 과거로 돌아가야 한다고 단언했다. 리처드는 주인공이 세상의 시간을 거꾸로 돌려서 정말로 '세상 전체를 뒤로 가게' 했다가 다시 앞으로 움직이게 한 영화, 《슈퍼맨》을 본 적이 있다고 뒷받침했다.

마틴이 한 가지 논증을 내세웠다. 학교 밖에 타임머신이 있다고 상상해 보자. 그 기계가 누군가, 예를 들어 프레디를 1615년으로 데려갈 수 있다고 가정해 보자(마틴은 학교에서 가장 오래된 건물이 1615년에 만들어졌기 때문에 그 날짜를 선택했다고 했다). 마틴은 프레디가 학교 건물이 지어지는 것을 보려고 돌아간 거라고 했다.

"이러는 동안 프레디는 어디에 있는 걸까요?" 마틴이 물었다.

마틴은 어떤 사람, 전 세계가 아닌 특정한 한 사람만이 시간을 거슬러 올라간다는 생각에는 일관성이 없다고 말했다. 나는 그때 우리가 일관성 없는 것이 무엇인지에 대해 명확하게 했는지 안 했는지 잘 모르겠다. 나중에 내가 어떻게든 기록하려고 애쓰면서 생각해 낸 것은 다음과 같다.

(1) 만약 프레디가 혼자 과거로 갈 수 있었다면, 프레디가 이렇게 가는 동안 시간이 흐를 것이다.

(2) 프레디가 과거로 돌아가는 동안 시간이 걸린다면, 그러는 동안에 '그가 지금 어디에 있는가?'라는 질문에 답할 수 있을 것이다.

(3) 프레디가 과거로 돌아가는 동안, '그는 지금 어디에 있나요?'라는 질

문에 맞는 답이란 없을 것이다.

따라서

(4) 프레디는 혼자서 과거로 갈 수 없다.

이 논증은 누구에게나 똑같이 작동하기 때문에, 다음과 같이 일반화할 수 있다.

(5) 누구도 혼자서 시간을 거슬러 과거로 갈 수는 없다.

분명히 (3)은 설명이 좀 더 필요하다. 마틴은 '그는 그때 저기 타임머신 안에 있다'라는 답이 '그가 지금 어디에 있는가?'라는 질문에 적절한 답이 아니라고 생각했다. 왜냐하면 그 답은 그가 여전히 1983년에 우리와 함께 있다는 의미이기 때문이다. 마틴은 '그가 1615년에 있다'도 적절하지 않다고 추론했다. 왜냐하면 만약 그가 1615년 거기에 있었다면, 그것은 '지금' 1983년이 아니라 1615년에 있었던 일이기 때문이다. 마지막으로 마틴은 '그는 어디에도 없다'도 부적절하다고 했다. 왜냐하면 만약 그가 아무 데도 없다면, 그가 시간 여행을 할 수도 없기 때문이다.

나는 이 논증이 무척 흥미로웠다. 어쩌면 시간의 철학에 대한 수많은 문헌에 그와 비슷한 것이 있을 것이다. 그러나 난 전혀 아는 게 없었다. 나에게 그것은 참신한 논증이었고, 아이디어의 가치를 평가하기 전에 존중하고 기뻐해야 할 보석이었다.

그다음 주에 나는 마틴의 주장을 담아 다음의 글을 썼다.

피오나와 앨리스는 과학 연구동으로 가는 길을 따라 걸었다. 앨리스의 엄마가 그들에게 프레디와 앵거스를 얼른 찾아오라고 했기 때문이다. 프레디가 자기 방에 다음과 같은 메모를 남기고 사라진 거다.

사랑하는 나의 가족에게

나와 앵거스는 타임머신을 타기 위해서 과학 연구실로 가요. 만약에 우리가 과거로 여행하는 데 성공하면, 차 마실 때 집에 없을 수도 있어요. 걱정하지 마세요. 우린 꼭 돌아올 거예요. 약속합니다.

사랑을 담아, 프레디

프레디의 엄마는 그 메모를 읽고 거의 기절할 뻔했다. 간신히 진정하고 앨리스와 피오나를 불러서 그들을 당장 찾아오라고 했고, 경찰에도 연락했다.

서둘러 가며 앨리스는 프레디와 앵거스가 어디에 있든지, 그들이 과거로 가지는 않았을 거라는 걸 증명하려고 애썼다. 하지만 피오나는 확신이 없었다.

"너도 정확하게는 모르는 거잖아." 하고 피오나가 말했다.

"그건 그냥 불가능해." 앨리스가 말했다.

"들어 봐." 피오나가 말했다. "만약 전화기가 발명되기 훨씬 이전에 어떤 사람이 아주 멀리 떨어진 사람과 이야기할 수 있다고 말한다면, 그때 넌 그게 불가능하다고 말했을 거야. 하지만 지금 그 일은 늘 가능해. 우린 과거로 어떻게 가는지 알 수 없지만, 그렇다고 그게 과거로 가는 게 불가능하다는 걸 의미하지는 않아. 그건 장거리 전화랑 다르지 않아."

"시간 여행을 할 수 있는 유일한 방법은 전 세계가 함께 시간 여행을 하는 것뿐이야." 앨리스는 단호하게 말했다.

"너, 슈퍼맨 영화에서 본 거지?" 피오나가 말했다.

"나, 장난 아니야." 앨리스가 말했다. "자, 과학 연구동의 그 크고 하얀 문 안에 타임머신이 있었다고 상상해 봐. 그리고 프레디와 앵거스가 그 안으로 들어가는 데 성공했다고 가정하는 거야. 그 아이들이 200년 전인 1783년으로 돌아가도록 다이얼을 맞췄고, 온갖 종류의 기계 소리가 윙윙거렸고, 계기판에 1783년이라고 떴다고 치자. 내가 물어볼게. 그들은 지금 어디에 있는 거니?"

"1783년이지 어디야?" 피오나가 말했다.

"아니야, 그들은 지금 거기에 있을 수 없어." 앨리스가 주장했다. "만약 그들이 1783년에 있었다면, 그들은 지금 1983년이 아니라, 200년 전인 1783년에 있었어야 하는 거지."

"어쩜 그들은 아무 데도 없는지 몰라." 피오나가 당황해하며 말했다.

"만약 그들이 아무 데도 없다면, 그들은 시간 여행을 할 수도 없는 거야." 앨리스가 대답했다.

"음…… 내 생각에 그들은 과학 연구동의 그 하얀 문 안에 있을 거야." 피오나는 앨리스의 질문에 애써 답했다.

"그러니까 그들은 여전히 1983년에 있는 거야." 앨리스는 의기양양하게 말했다. "보다시피, 그들이 어디 있는지에 대해 맞는 답은 없어. 전 세계가 과거로 함께 돌아가지 않는 한 불가능해. 그러니까 이제 아이들을 걱정할 필요는 없는 거지."

나는 이 후속 이야기가 지난 시간의 주요 쟁점을 제대로 담고 있는지 아이들에게 물었다. 모두 성공적이라고 했다. 우리는 이 이야기를 어떻게 끝내야 할지 이야기를 나누었다.

"만약 아이들이 하얀 문을 열고 시계를 발견한다면 어떨까요?"라고 마틴이 제안했다.

"전자시계요." 리처드가 말했다.

"결국, 그게 'MOD 시간 프로젝트'인 거죠." 마틴이 이어서 말했다.

나: 그렇게 끝내는 게 좋을까요?
마틴: 모르겠어요.
닐: 그리고 그건 모두 꿈이었던 거죠.
이즈: 아니야, 왜냐하면 꿈에서도 이런 논쟁을 할 수 있는 거잖아.

난 이즈의 말에 직접적으로 반응하지는 않았지만 매우 기뻤다. 단 한 줄의 논증이 흥미롭고 숙고할 가치가 있으며 따져 볼 만다면, 그것이 꿈속이든 이야기 속이든 철학책 속이든 상관이 없다.

그 후의 토론은 방문한 시간의 시점에서, 미래에서 온 방문객이 있다고 가정하는 것이 일관성을 가질 수 있는지의 문제로 돌아갔다. 아이들은 그 부분이 어떻게든 설명될 수 있다고 생각하는 것 같았다.

폴: 우리는 어떤 비행기가 착륙했는데, 거기서 낯선 사람들이 나왔다는 이야기를 언젠가는 들을 수 있겠죠. 사람들이 그들의 아이들에게 전할지도 모르죠. 그리고 그 아이들은 또 그들의 아이들에게 말하고요. '1783년에 우주선이 착륙했어. 그래서 이러쿵저러쿵…….' 하지만 지금은 아

니에요. 그건 그때 일어났던 일인 거죠.

이때, 도널드가 시간 여행 이야기를 하나 해 주었다. 그 이야기를 듣고 폴이 말했다. "만약 누군가 과거로 돌아갔다면, 그는 역사의 일부가 되어 있어야 해요. 아니라면, 그가 그곳에 있었는데도 아무도 볼 수 없었던 거죠. 그는 보이지 않았던 거예요."

그 방문이 이전 시간의 관점에서 일관성을 보여 줄 수 있는 두 가지 방법이 있다. 한 가지 방법은 이미 오래전에 일어난 불가사의한 일들이 오늘날 과거로 간 사람들의 방문으로 이해될 수 있다는 것이다. 다른 하나는 방문자들이 이전 시대의 사람들에게 보이지 않았고, 그 시대의 일에 아무런 역할도 하지 않았다는 것을 보여 주는 것이다.

나는 이렇게 이야기를 끝냈다.

바로 그 순간, 앨리스는 저 멀리 보이는 작은 두 형체가 프레디와 앵거스라는 걸 알아챘다. "우리 쪽으로 걸어오고 있는 게 누구인지 봐!" 앨리스가 소리쳤다. "프레디와 앵거스야!"
앨리스는 그들이 괜찮다는 것에 큰 행복과 안도감을 표현해야 할지, 아니면 매우 단호해야 할지, 그들이 얼마나 많은 사람을 걱정하게 했는지에 대해 말해야 할지, 아무도 그들에 대해 걱정하지 않는 척해야 할지 혼란스러웠다.

"쟤들한테 뭐라고 해야 할까?" 앨리스는 멀리 떨어져 있는 동생들에게 '그들을 알아봤다'는 어떠한 암시도 주지 않은 채 피오나에게 속삭였다.

"걱정했는데 다행이라고 해야 하는 거니, 아니면 혼내 줘야 하는 거니? 어떻게 할까?"

"다시 보게 돼서 우리가 얼마나 기쁜지 말해 주자." 피오나가 그들에게 손을 흔들면서 말했다.

"그런데 우리가 왜 안심이 되어야 하지? 난 시간 여행이 불가능하다는 걸 멋지게 논증했잖아. 그러니까 걱정할 필요가 없었던 거지." 앨리스가 말했다.

"그래, 나도 네 주장에 동의해." 피오나가 말했다. "하지만 동생들이 무사하다고 해서 네 주장이 맞는 걸까? 나는 그냥 그들이 1983년 여기에 안전하게 있어서 기쁠 뿐이야."

그때, 프레디와 앵거스가 또렷이 보였다. 그들은 풀이 죽어 있었다.

"무슨 일 있었니?" 피오나가 물었다.

"아니, 아무 일도 없었어." 앵거스가 시무룩하게 말했다. 둘 다 집에 가는 동안 입을 다물고 아무 말도 하지 않았다. 그러다가 마지못해 프레디가 털어놓았다.

"그 MOD 시간 프로젝트는 타임머신이 아니었어." 프레디가 천천히 말했다. "그건 전자시계를 이용한 실험이야. 하얀 문 안에 타임머신이 있다고 했던 경비원은 거짓말쟁이에 바보였어."

"글쎄, 경비원이 바보라는 말은 좀 그렇다." 피오나가 웃으면서 말했다. "하지만 난 너희들이 1983년에 우리와 함께 있어서 아주 기뻐."

"피오나, 애들이 다른 곳에 있을 수는 없지. 만약 시간 여행이 가능하다면……." 하고 앨리스가 따지려 했다.

"야, 입 다물어!" 피오나가 평소와 달리 화를 내며 소리쳤다.

윤리

왜 한 사람보다 세 사람의 행복이 더 중요한가요?

여섯 살 이안은 엄마 친구의 아이들이 텔레비전을 독점하는 게 속상했다. 그들 때문에 이안은 가장 좋아하는 TV 프로그램을 보지 못했다.
"엄마!" 그가 슬픔에 잠겨 물었다.
"왜 한 사람이 보고 싶은 것보다 세 사람이 보고 싶은 게 더 중요한 거예요?"

나는 내가 쓴 『아동기의 철학(Philosophy and Childhood)』의 이 일화를 토대로 윤리 토론을 위한 이야기를 하나 만들었다. 영국 TV 프로그램에 대해서는 잘 모르지만, 유아용 프로그램인 《무민》이 우리 아이들에게는 적합하지 않다는 인상을 받았다.

프레디는 주스와 비스킷 한 줌을 가지고 자기가 제일 좋아하는 안락의자에 앉았다. 그는 TV로 《애벗과 코스텔로》의 최신 편을 볼 생각이었다. 그러나 그의 이 안락함은 집 주차장에 차를 세우는 소리로 끝나

버렸다. 자동차 문이 열렸다 닫히더니 현관으로 다가오는 왁자지껄한 목소리가 들려왔다. 어떻게든 TV 화면에 집중하기 위한 프레디의 노력은 결국 초인종 소리에 좌절되었다. 뒤이어 수다를 떨면서 한 무리의 사람들이 나타났다.

"프레디." 엄마가 소음 너머로 불렀다. "아이트켄 가족이란다. 기억나지? 아주 멀리 플록턴에서 왔어. 내가 차를 내올 동안 너는 아이들에게 TV를 보게 해 주렴. 얘는 사라, 더글라스, 톰이야. 너희들 모두 몰라보게 컸구나."

"나《무민》보고 싶어요." 더글라스가 소리쳤다.

"그래,《무민》보자." 다른 두 아이도 찬성했다.

"《애벗과 코스텔로》를 보면 안 되겠니?" 프레디는 할 수 있는 한 정중하게 물었다.

"응, 안 돼!" 셋은 동시에 합창하듯 말했다. "《무민》보자."

맏이 더글라스가 TV로 걸어가더니 채널을《무민》으로 돌렸다. 프레디는 슬픈 표정으로 일어나서 부엌으로 갔다.

"프레디, 표정이 왜 그러니?" 주전자에 물을 가득 채우고 있던 엄마가 물었다. "쟤들은 너보다 어리잖아. 그리고 참 착한 아이들이란다. 엄마 아빠들끼리도 오래된 친구 사이야. 그들을 잘 대해 주렴."

"쟤들은《무민》이 보고 싶대요!" 프레디가 어이없다는 듯이 말했다.

"나도 알아, 네가 그 프로그램을 얼마나 싫어하는지 말이야." 엄마가 말했다. "하지만 이런 식으로 생각해 봐. 한 사람이 아니라 세 사람이 행복해지는 거잖아."

프레디는 잠시 생각해 보았다. 그리고 천천히 말했다. "엄마, 왜 한 사람의 행복보다 세 사람의 행복이 더 중요한 거예요?"

원작에서는 공리주의(행복을 극대화할 수 있는 일을 항상 해야 한다는 견해)에 대한 거부감이 겉으로 드러나지는 않았다. 하지만 이 이야기에서는 프레디의 엄마가 윤리 원칙을 따로 언급하지 않으면서도 아주 직접적으로 공리주의적 견해를 피력하고 있다. '한 사람이 행복한 것보다 세 사람이 행복해지는 것이 더 낫다'는 말을 통해 프레디를 공리주의적 관점으로 초대한 것이다.

이런 종류의 예시는 원칙을 일반화해 보게 하고, 특정한 사례에 원칙을 적용해 보게 한다. 따라서 3 대 1의 비율로 이익과 손실을 수량화하고, 그것을 공리주의적 원칙 아래서 생각하도록 이끈다. 반면에, 무례한 침범을 받았음에도 자신의 가장 기본적인 특권을 포기해야 한다는 생각 때문에 화가 날 수도 있다. 공정과 반칙에 대한 직관이 즉시 깨어나고, 이익과 손실을 비인격적으로 수량화하는 냉정한 계산에 저항이 생기는 것이다. 한편, 도덕적 의미는 다소 모호하지만 환대도 중요한 관습이다.

폴은 즉시 주인과 손님의 관점으로 반응했다. "그 아이들은 집에 한 번 온 거잖아요."라고 말했다. "좋은 인상을 주어야 해요." 폴은 좋은 인상을 주는 것이 도덕적인 요구인지 아니면 단순히 주인에게 이익인지에 대해서는 분명하게 밝히지 않았다.

반면, 마틴은 격분했다. "남의 집에 와서 '우리는 《무민》 볼래!'라고 함께 외치는 건 옳지 않아요."라고 말했다.

"맞아요. 어쨌든 셋이 같이 그러는 건 좀 비열한 거 같아요. 셋이니까 자기들끼리 놀 수도 있잖아요." 폴은 마틴의 말에 동의하면서 공정이 중요한 고려 사항이라고 했다.

그것은 매우 실질적인 고려 사항이다. 이미 서로를 알고 있는 세 사람은 자기들끼리 즐겁게 놀 수 있다. 반면 서먹한 한 사람은 좀 더 강하게 자신이 즐거울 방법을 주장해도 된다.

마틴은 계속해서 격분했다. "난 이런 상황이 정말 싫어요. 내가 행복하게 TV를 보고 있는데, 갑자기 이상한 아이들 셋이 집 안으로 들어온 거예요. 엄마가 그 아이들에게 TV를 보라고 하니까 '우리는 《무민》이 보고 싶어!' 하는 거잖아요. 내 말은 그들이 프레디가 지금 보고 있는 것을 그냥 볼 수도 있다는 거예요."

폴: 맞아요, 그들은 다른 사람의 권리도 존중해야 했어요. 《무민》은 매일 하니까 언제든 볼 수 있잖아요.

폴이 또 다른 관련 고려 사항을 제기했다. 그는 기회가 적은 것을 얻는 것이 기회가 많은 것을 얻는 것보다 더 어렵기 때문에, 기회가 적은 것을 얻도록 해야 한다는 거다.

리처드 : 《무민》은 시리즈인가요?
나 : 맞아요.
리처드 : 《애벗과 코스텔로》도 시리즈예요. 그래서 그 점은 별로 중요하지 않아요. 모두 다른 시간에 보면 되니까요.

리처드는 폴의 주장이 우리가 결론을 내리는 데 그다지 도움이 되지 않는다고 말했다. 두 프로그램 모두 시리즈물이기 때문에, 볼 기회는 똑같다는 거다.

일반적으로 윤리는 관습법과 마찬가지로 강제성이 낮은 수준의 "원칙" 또는 "규칙"이다. 따라서 분쟁이나 갈등은 그 사례에 따라 적절하게 중재된다. 모든 갈등에 일관된 체계가 없더라도 잘 해결될 수 있다. 물론 누군가는 그 중재가 절대적인 원칙에 합당하거나 보편적인 체계에 적합하지 않다면, 올바르지 않다고 주장할 수도 있다.

나는 아이들 누구도 보편적인 이론에 끌리지 않는다는 점에 흥미를 느꼈다. 그들은 이야기 속의 상황에 대해 매우 강렬한 감정을 드러냈고, 비슷한 자기 삶의 경험을 재빨리 떠올렸으며, 유사한 사건을 상상해 냈다. 그리고 이러한 실제적이고 상상적인 사례에서 자기들 나름의 원칙을 추출했다. 그들은 공리주의가 매력적이지 않다고 생각했고, 공리주의를 대체할 비슷한 수준의 원칙이나 이론을 찾으려 하지도 않았다.

"이런 주장에 대해서는 어떻게 생각하나요?" 나는 그들이 공리주의를 진지하게 받아들이도록 노력했다. "만약 우리가 아이들 세 명이 하고 싶은 대로 하게 둔다면, 한 명이 아니라 세 명이 행복해지는 겁니다."

"세 명이 원하는 것을 얻기 위해서 한 명을 무시한다는 건 정말 공정하지 않아요. 그 한 명이 크게 상처받을 거예요." 마틴은 여전히 완강했다.

결국 공리주의가 공정과 다시 경쟁했다.

"그럼, 공정하기 위해서는 어떻게 해야 하나요?" 내가 질문했다.

"그것은 나이에 따라 달라요." 폴은, 여느 때처럼, 다른 고려 사항을 내놓았다. "만약 한 사람의 나이가 세 사람보다 많다면, 그 한 사람은 아이들에게 양보해야 해요."

리처드: 아니에요. 어른을 존중해야 해요.
나: 여러분은 지금 두 가지 상반된 원칙을 가지고 있군요.
리처드: 나이가 저랑 비슷한 누군가가 있다고 상상해 보세요.
폴: 좋아요. 리처드가 TV를 재밌게 보고 있는데, 열다섯 살인 형이 와서 TV 수학 프로그램을 보고 싶어 한다고 해 봐요. 물론 리처드는 그걸 보고 싶

지 않아요. 그렇다면 형은 되도록 리처드가 보고 싶은 것을 계속 보게 해 주어야 해요.

나: 리처드, 어린아이들은 항상 나이가 많은 사람의 말을 따라야 하나요?

리처드: 위험한 것이 아니라면요.

폴: 프로그램을 얼마나 자주 하는지와 나이가 문제예요. 만약 내가 보고 싶은 프로그램이 일주일에 한 번만 한다면 나이와 상관없이 보고 싶은 것을 볼 수 있어요. 하지만 만약 모두 시리즈물이라면, 가장 어린 사람에게 양보해야 해요. 만약 다음 편에 꼭 봐야 할 게 있다면, 상대에게 다른 시간에 봐도 되는지 물어볼 수는 있겠죠.

잠시 후 폴은 또 다른 고려 사항을 제시했다.

폴: 형제인지 손님인지에 따라서도 달라져요. 형제들은 언제든 또 볼 수 있으니까 괜찮아요. 하지만 손님이라면 그들이 선택하게 해야죠. 특히 TV가 없는 손님이라면, 당연히 그들이 선택해야 하고요.

'방문객에게는 친절하게 대해야 한다'라는 폴의 생각에 대부분이 동의했다. 그러나 이런 원칙에 대한 전체적인 합의가 이루어졌음에도, 몇몇 아이들의 저항은 쉽게 멈추지 않았다. 그들은 그 원칙에 힘을 실어 줄 어떤 도덕적 감정을 일깨우고 싶어 했다. 마틴은 중요하게 덧붙일 게 있다고 했다.

"한 번도 본 적 없는 손님이 올 수도 있어요. 그런데 그들이 '이거 계속 볼 건가요?'라고 물었을 때 우리가 '네!'라고 말한다면, 그들은 우리 집에 다시 오지 않을 거 같아요."

나는 계속 공리주의를 소개하려 했고, 아이들은 계속 그것을 거부했다.

폴: TV에서 끔찍한 심장 이식수술을 하는데 나만 보고 싶지 않다면, 내가 그 방에서 나가야지요. 왜냐하면 그것은 내가 그 방에 있기를 원하지 않는다는 말과 같으니까요.

도널드와 에스더는 이 토론에서 빠지고 싶다는 뜻을 분명히 밝혔다.
"제가 프레디라면, 별로 신경 쓰지 않았을 거예요." 도널드가 말했다. 그리고 또 덧붙였다. "그 아이들은 단지 TV 프로그램을 보고 싶은 거고, 내일이면 떠나잖아요? 그러면 프레디는 그때 보고 싶은 걸 보면 되잖아요."
"하지만 선생님이 읽어 준 이야기에서는 《애벗과 코스텔로》가 마지막 시간이었어요." 폴이 말했다. 그래서 우리는 이야기를 다시 확인했다. 그러나 프레디가 《애벗과 코스텔로》의 '최신' 편을 볼 준비를 했다고 쓰여 있었다.

나: 그것이 최종회였다고 가정해 봅시다. 그럼, 뭐가 달라지나요?
에스더: 아니요, 전혀요.

폴: 마지막 회에서 폭탄이 터진다면, 주인공이 탈출했는지 못했는지 꼭 보고 싶을 거예요.

마틴: 프로그램이 끝날 때까지 기다려야겠네요.

나는 아이들이 토론에서 제공한 풍부한 고려 사항들을 덧붙여서 이야기를 이어서 썼다. 그러나 실패했다. 이 글은 토론을 진전시키지 못했다. 어떤 새로운 생각도 나오지 않았고, 문제가 해결되지도 않았다.

나는 아이들에게 학교 기숙사에서 TV를 사용하는 규칙을 만들어 보도록 과제를 내주었다. 그러나 이후 토론에서도 이전의 내용이 되풀이될 뿐이었다. 그래서 나는 한동안 《무민》 이야기를 다루지 않았다. 매주 리처드가 물었다.

"오늘, 《무민》 이야기를 끝낼 건가요?"

"아니요. 오늘은 말고 다음번에……." 나는 대강 얼버무리면서 대답하곤 했다.

마침내 두 달 후쯤, 우리는 다시 《무민》 이야기로 돌아갔다. 이전에 아무도 공리주의를 옹호하지 않았기 때문에, 나는 완전히 다른 일반적인 윤리 원칙으로 아이들의 관심을 끌어 보기로 했다. 황금률이다. 나는 아이들이 이 원칙을 흔쾌히 수용할 것이라고 자신했다. 그래서 악마의 옹호자 역할을 하기로 마음먹었고, 누가 이 신성한 원칙을 옹호할지 몹시 궁금했다. 다음은 내가 다시 쓴 글이다.

다음 날 아침, 앨리스는 프레디에게 "너 어제 엄마에게 한 질문은 정말 좋은 질문이었어."라고 말했다.

"무슨 질문?" 프레디가 물었다.

"네가 어제 엄마한테 '왜 한 사람의 행복보다 세 사람의 행복이 더 중요한 거예요?'라고 했잖아. 엄마는 아무 말도 못 하셨고……."

"고마워, 누나." 프레디가 말했다. "그 아이들 끔찍하지 않았어?"

"진짜 그 쌍둥이들……." 앨리스가 동의했다. "하지만 난 네가 가능한 한 많은 사람이 행복한 게 좋은 거라는 원칙을 실천해서 좋았어. 그 원칙이 꼭 옳은 것도 아닌데 말이야. 곤란한 상황에서 어떻게 해야 하는지를 알려 주는 좋은 규칙이란 건 없나 봐."

"황금률은 어때?" 프레디가 물었다.

"아, 네가 다른 사람들에게 원하는 대로 너도 남에게 해 주라는 거 말이니?" 앨리스가 말했다.

"맞아." 프레디가 말했다.

"음, 좋아. 그 말에 대해 생각해 보자. 그건 우리가 다른 사람에게 대접받고 싶은 대로 다른 사람을 대해야 한다는 거잖아. 그럼, 이제 《무민》을 보겠다고 고집했던 그 우스꽝스러운 아이들을 생각해 보자."

"좋아." 프레디가 말했다. "그 아이들은 낯선 아이들이 자기 집에 갑자기 들이닥쳐서 TV를 독차지하고, 자기들이 안 좋아하는 프로그램을 보려고 한다면 기분이 어떨지 생각했어야 했어. 나는 정말 어제 걔들을 주먹으로 때려 주고 싶었어."

"그렇지." 앨리스가 말했다. "그런데 너는? 황금률에 따르면 너도 그들에게 대접받고 싶은 대로 그들을 대해야 하는 거잖아. 만약 네가 낯선 집에 갔고, 네가 가장 좋아하는 프로그램이 《무민》이라면, 너는 그 집 아이가 《무민》을 보게 해 주기를 바랄 거야. 그렇지? 그러니까 네가 대접받기를 원하는 대로 누군가를 대해야 한다면, 넌 그들이 《무민》을 보게 해 주어야 하는 거지. 하지만 너도 눈치챘겠지만, 그건 정말 바보 같은 짓이야. 황금률이 항상 좋은 건 아니야."

프레디는 어떻게 말해야 할지 몰랐다. 가능한 한 많은 사람을 행복하게 만드는 원칙이 나쁜 원칙이라고 생각했다. 만약 그 원칙을 따른다면, 우리는 많은 아이를 행복하게 만들기 위해서 한 명의 아이를 평생 슬프게 할 수도 있기 때문이다. 그건 옳지 않은 일이다. 하지만 황금률은 괜찮다고 생각했다. 그런데 누나는 그것도 좋은 게 아니라고 한다. 어쩜 누나가 옳을지도 모른다. 황금률이 다른 원칙들보다 나을 것도 없다. 으음…… 황금률이 정말 좋지 않은 원칙일까?

사실, 우리 토론반의 누구도 황금률이 공격받는 것에 전혀 신경을 쓰지 않는 것 같았다. 오히려 도널드는 개인적으로 황금률에 허점이 있다는 것을 발견했다고 말했다. 그는 황금률을 자주 적용했는데, 그게 가끔은 효과가 있지만 대부분은 그렇지 않다고 했다. 그는 황금률이 공정이나 만족을 보장하지는 않는다고 말하려는 것 같았다.

폴은 그에 대해 "모든 사람이 황금률을 적용해야 훌륭한 원칙이 되는 거죠."라고 말했다. 나는 폴의 아이디어를 사용해서 이야기를 마무리 지었다.

"황금률은 모든 사람이 그것을 따랐을 때 좋은 규칙이 되는 거야."라고 앵거스가 말했다.

"하지만 모든 사람이 그렇게 하지 않아." 프레디가 곧바로 말했다. "사실이잖아. 대부분의 사람은 그러지 않아."

"맞아." 앵거스가 말했다. "그래도 우리가 할 수 있는 최선이 있어. 우리를 포함해서 모든 사람이 황금률을 따르도록 우리가 할 수 있는 일을 하는 거지."

"그래, 맞아." 프레디가 말했다. "그거 정말 멋진 생각이다. 앨리스 누나, 누나는 앵거스 말을 어떻게 생각해?" 하지만 앨리스는 이미 자리를 떠난 후였다.

"내가 나중에 앨리스 누나에게 너의 생각을 물어봐야겠어." 프레디가 말했다. "누나가 어떻게 네 말이 부적절하다고 말할지 궁금하다. 넌 앨리스 누나를 잘 모르겠지만, 누나는 언제나 모든 것에서 잘못을 찾아내거든."

미래

생각할 때는 머릿속에서 어떤 일이 일어나는 걸까요?

어느 날, 에스더가 강아지 이야기를 써 달라고 부탁했다. 에스더는 강아지가 다 좋지만, 특히 닥스훈트를 더 좋아한다고 말했다. 그래서 나는 다음 주에 강아지에 관한 이야기를 써 오겠다고 약속했다.

프레디는 앵거스의 새 강아지를 보기 위해 몸을 숙였다. 그러자 담요 속에 있던 조그만 갈색 강아지가 보였다. 프레디가 강아지를 살짝 들어 안았다. 부드럽고 따뜻한 기운이 느껴져서 행복했다. 앵거스는 그 모습을 보고 자랑스러운 표정을 지었다. 사실 프레디는 앵거스가 닥스훈트 강아지를 보여 준다고 했을 때 별로 흥미를 느끼진 않았다. 왜냐하면 프레디는 래브라도를 좋아하기 때문이다. 하지만 지금은 앵거스의 강아지가 좋았다. 참 귀여웠다.

"강아지가 힘들어 보여." 앵거스가 말했다. "우리 집에 오자마자 여기저기 오줌을 싸면서 막 뛰어다녔어. 그러고 나서 우유를 조금 먹더니 지금은 기운이 없는지 누워 있기만 하네."

"오늘이 어미 개와 처음 떨어진 날이야?" 프레디가 물었다.

그때, 갑자기 조그만 닥스훈트 강아지가 낑낑거리기 시작했다. 앵거스가 강아지를 건네받아 부드럽게 쓰다듬어 주자 소리를 멈추었다.

"아마 엄마랑 떨어져서 힘든가 봐." 앵거스가 말했다. "이런 낯선 곳에 와서, 무슨 생각을 할까? 어쩌면 내일은 엄마한테 돌아갈 거라고 생각할지 몰라."

"강아지가 그런 생각을 어떻게 해." 프레디가 말했다.

"왜 못 해?" 앵거스가 물었다.

"난 강아지들이 그림으로 생각하는 거 같아." 프레디가 설명했다. "만화에서는 동물들 머리 위에 말풍선이 있고 그 안에 그림이 있잖아. 그런데 내일은 그림으로 표현할 수 없잖아. 그건 말로만 표현할 수 있는 거야. 그게 어느 나라 말이든 상관없어. 참, 그게 불어로는 뭐였지? 우리 지난주에 배웠잖아."

"드멩 (Demain!)" 앵거스가 대답했다.

"그렇지! 드멩! 내일이라는 다른 나라 말도 있겠지. 하지만 그림으로 그릴 순 없어. 그러니까 개들은 내일을 생각할 수 없는 거야." 프레디가 말했다.

"내일에 대해 상상할 수 없다니 너무 끔찍하다. 내일을 모르면 미래에 대해서도 생각할 수 없는 거잖아." 앵거스가 말했다.

내가 프랑스어를 넣은 이유는 아이들이 이제 막 프랑스어를 배우기 시작했기 때문이다. 아이들은 프랑스어뿐 아니라 다른 나라 말도 배우는 중이었다. 성가대에서는 라틴어나 독일어 노래를 불렀는데, 리처드는 그게 너무 어렵다고 불평하기도 했다.

심적 표상(mental representation)이라는 주제가 자연스럽게 떠올랐다. 이 주제에 대해 작년에 매사추세츠대학 강의에서도 다룬 적이 있었다. 언어를 사용하지 않고 그림으로만 생각할 수 있는지, 만일 그럴 수 있다면 그림으로 표현되는 어휘들에는 어떠한 한계가 있을지에 관해 토론했었다. 이 주제는 오늘날 심리학자, 철학자, 과학자 들 사이에서도 열띤 논쟁거리가 되고 있다. 매우 흥미롭고 중요한 주제여서 세인트메리학교 아이들과도 이야기를 나누고 싶었다. 그래서 강아지를 소재로 한 이야기 속에 넣어 보았다.

"개들이 내일을 말하기 위해 프랑스어를 할 필요는 없어요. 그들은 그들 방식대로 표현할 거예요. 그러니까 개의 말로 내일을 말하겠죠." 마틴이 토론의 첫 문을 열었다.

"어떻게 그걸 알 수 있을까요?" 내가 물었다.

마틴이 잠시 머뭇거리더니 말했다. "선생님은 개들이 내일(demain)이라는 말을 하는 걸 들어 본 적이 있으세요?"라고 물었다. 교실 안의 아이들이 모두 웃었다.

나는 다른 예를 들어야겠다고 생각했다. 그래서 아이들에게 어제 했었던 일을 기억해 보고, 그중에서 내일 또 해야 하는 일이 있는지 생각해 보라고 제안했다. 그러자 아이들은 음악 학교에 다녀서 그런지 자연스럽게 실기 연습을 떠올렸다. 이즈와 에스더는 바이올린 전공으로 대회에서 수상한 적도 있었다. 그래서 나는 바이올린 연주자를 떠올리며 토론을 진행했다.

나 : 자, 지금 내가 '내일 바이올린 연주를 할 예정이야'라는 생각을 하고 있다고 가정해 봐요. 나는 어떤 식으로 그 생각을 하고 있는 건가요?
마틴 : '나는 내일 바이올린 연주를 할 거야'라고 자기 자신에게 말하는 거예요. 진짜 소리 내어 말하지는 않아요.
리처드: 머릿속에 자기가 바이올린 켜는 모습의 그림을 가지는 거예요.
나 : 좋아요. 리처드와 마틴이 한 가지씩 이야기해 주었네요. 그런데 만약에 우리가 그림으로만 이 생각을 표현한다면 어떤 문제가 있을까요? (나는 서툰 솜씨로 칠판에 바이올린을 연주하는 모습을 그렸다.) 어제 내가 바이올린을 연주한 그림과 내일 바이올린을 연주할 그림 사이에는 어떤 차이점이 있을까요?
마틴: 글쎄요, 내일 연주할 그림은 우리가 정확하게 예상할 수 없어요. 어제 연주한 그림은 우리가 기억할 수 있지만요.
나 : 여기 멋진 기계가 하나 있다고 상상해 봅시다. 내가 이 기계를 머리에 쓰면, 여러분은 내가 마음속으로 생각하는 그림이 무엇인지 볼 수

있어요.

나는 '마음 투시경(mind scope)'으로 다소 극적인 효과를 기대했다.

나 : 여러분이 이것으로 내 마음을 들여다보고는 말했어요. "선생님이 바이올린 연주하는 모습이 보여요." 그렇다면 질문을 하나 할게요. 난 어제 바이올린 연주한 것을 기억하는 걸까요, 아니면 내일 바이올린을 연주할 것을 생각하는 걸까요? 그 두 그림에서 무엇인가 다른 점이 있을까요?

누군가 : 같아요.

리처드 : 그 사이에 이발하지 않는다면요.

아이들은 킥킥대며 웃었다. 아마 그 당시의 내 머리가 이발해야 할 만큼 길었던 것 같다. 그러나 리처드의 농담조 의견에는 진지하게 고려할 만한 점이 있었다. 표상된 사람의 모습이나 장소, 여러 가지 주변 사물들의 모습이 변화되었다는 것을 보여 주는 것도 시간의 변화를 표현하는 한 가지 방식이기 때문이다. '이발 뒤의 모습'이 내일이라고 가정한다면, '이발 뒤의 모습'을 마음속에 그리는 것이 내일을 나타내게 된다.

토론 내내 조용히 듣고만 있던 도널드가 입을 열었다. 그가 계속 생각하고 있었다는 의미다.

도널드 : 개가 내일에 대해 생각할 수 있다는 어떤 증거가 있나요? 우리는 알 수 없어요. 지금까지 토론한 것을 살펴보면, 개가 내일을 생각할 수 있을 거라는 어떤 증거도 없어요. 가능성도 없고요.

나는 도널드의 지적이 우리의 사고 방향을 전환해 줄 것 같아서 무척 기뻤다. 그의 요점을 강조하기 위해, 나는 내 말로 바꾸어 설명했다.

"그러니까 도널드의 말은 만약에 개가 정말로 내일을 생각한다는 증거가 있다면, 우리가 '개는 어떤 방식으로 내일을 생각할까?'라고 물을 수 있겠죠. 하지만 개가 내일을 생각한다는 아무런 증거도 없는데, 그걸 토론할 필요가 있을까 하는 거죠."

나의 해석에 도널드는 고개를 끄덕이며 동의했다. 나는 그러면 개가 과거는 생각할 수 있는지, 그 증거는 무엇인지 물어보았다. 아이들이 다양한 대답을 내놓았다. 개가 훈련을 받을 수 있는 것은 과거를 기억하고 생각할 수 있기 때문이라고 했다. 이 의견은 그럴듯해 보이지만 검토가 더 필요했다. 하지만 이제 수업을 마무리해야 할 때가 되었다.

도널드는 자신의 의견을 반복하며, 개가 미래를 생각할 수 있다는 증거가 없다고 강조했다.

"개들이 어쩌면 '우린 내일도 산책할 거야'라고 말할지 몰라요." 마틴이 가끔 그랬던 것처럼 눈을 반짝이며 말했다.

다음 주에 나는 이야기를 이어서 만들어 갔다.

바로 그때, 앵거스의 누나인 피오나가 들어오면서 프레디를 보고 말했다.

"프레디, 강아지가 정말 좋은가 보구나."

"응, 정말 예뻐. 너무 부드럽고 따뜻해서 좋아. 나도 강아지를 한 마리 갖고 싶어."

"좋다고? 만약 네가 강아지 오줌이랑 똥을 치워야 한다면, 마냥 좋지만은 않을걸? 얘도 우리 집에 오자마자 오줌을 막 싸고 돌아다녔어." 피오나가 짜증스럽다는 듯이 말했다.

"누나, 프레디는 개들이 내일을 생각할 수 없대." 여전히 프레디의 말이 의심스러웠던 앵거스가 누나에게 말했다. "누나는 어떻게 생각해?"

"프레디, 넌 이 강아지가 '내일은 저 카펫 위에서 재밌게 놀아야지' 하는 생각을 하지 않는다는 거구나?" 피오나가 웃으면서 말했다.

"난 진지해, 누나." 프레디가 대답했다. "개들은 그림으로만 생각해. 그런데 내일은 그림으로 그릴 수 없잖아. 정해진 단어가 있어야지."

"개들도 나름대로 생각하는 방식이 있겠지." 피오나가 말했다. "우리가 개들이 어떻게 하는지 모를 뿐이야."

"누나, 그림으로 생각한다는 내 말이 맞다고 한번 상상해 봐." 프레디가 말을 이었다. "만약에 우리가 엑스레이 같은 기계로 강아지의 마음속에 뭐가 있는지 찍을 수 있다고 해 봐. 그러면……."

"잠깐! 네 말이 너무 빨라서 잘 모르겠다. 정리해 보자." 피오나가 프레디의 말을 막으면서 끼어들었다. "그러니까 개가 그림으로 생각한다고 가정해 보자는 거지? 그래서 뭐?"

"강아지의 머리에 씌우면 강아지의 생각을 보여 줄 수 있는 기계가 있다고 상상해 보는 거야." 프레디가 천천히 다시 설명했다. "그런데 그 기계에 강아지가 카펫 위에 오줌 싸는 장면이 나타났어. 그러면 그 그림이 강아지가 어제 카펫 위에 오줌 싼 걸 기억하는 그림인지, 아니면 내일 카펫 위에 오줌 싸야겠다고 생각하는 그림인지 구별할 수 있어? 그림에 무슨 차이가 있을까?"

"그림으로는 똑같겠지. 그건 내가 어제 바이올린 연주한 것을 기억할 때나 내일 바이올린을 연주할 것을 생각할 때랑 모두 같은 그림인 것과 같아." 피오나가 대답했다.

"만약 그사이에 머리카락을 자를 계획이 없다면 똑같겠지." 앵거스가 농담하듯 끼어들었다.

"무슨 뜻이야?" 피오나가 물었다.

"만약 오늘 누나가 머리카락을 잘랐다면, 내일 바이올린 연주할 그림에는 짧은 머리로 연주하는 누나의 모습이 있을 거 아니야." 앵거스가 설명했다.

"아, 그렇겠네!" 피오나가 웃었다. "그래도 프레디 말이 맞아. 왜냐하면 짧은 머리가 미래를 의미할 순 없어. 마음 투시경에 짧은 머리로 연주하는 그림이 나타난다고 해도, 그게 내일이라고 여길 순 없거든. 예전에 머리 깎고 연주한 것을 기억하는 것일 수도 있잖아."

"그것 봐, 내 말이 맞지?" 프레디는 누나의 말에 신이 나서 말했다. "만일 개가 그림으로 생각한다면, 개들은 내일을 생각할 수 없는 거야."

"그거 참 재밌구나." 피오나가 말했다.

"그렇게 어른처럼 말하지 마." 앵거스가 항의했다. "프레디 말이 맞는지 틀리는지 그냥 말해."

"내가 보기엔, 개들이 내일에 관해 생각하고 있다는 증거가 먼저 있어야 할 것 같아." 피오나가 잠시 생각에 잠겼다가 말했다. "개들이 내일을 생각한다는 증거가 있어야, 개들이 어떤 방식으로 생각하는지 따질 필요가 있는 거지. 그렇지 않다면, 개들이 내일을 어떻게 생각하는지 무슨 상관이야? 개들에게는 오늘을 생각하는 것만으로도 충분할지 모르잖아."

세 사람은 잠자고 있는 강아지를 가만히 바라보았다.

"잠깐!" 앵거스가 흥분하며 말했다. "내일에 대해서는 모르겠지만, 강아지들이 미래에 대해 얼마쯤은 생각할 수 있다는 증거가 있어. 개들이 문 쪽으로 다가가서 문을 긁으면서 나가고 싶다고 짖잖아. 그건 개들이 누군가 문을 열어 주기 바라면서 문밖에서 놀 생각을 한다는 거지." 앵거스가 말했다.

"좋은 지적이다." 피오나가 동의했다. "과연 개들이 내일을 생각할 필요가 있을까? 앵거스 말대로 가까운 미래를 들여다보는 것으로도 충분하지 않을까?"

새로 지은 이 이야기를 읽고 토론을 시작했다.

나: 이야기 끝에 내 생각을 조금 추가했어요. 자, 그러면 이제 개들이 내일을 생각하고 있다는 증거가 궁금하다는 도널드의 말로 돌아가 봅시다. 기억나지요?

다니엘: 무슨 말이에요?

나: 개들도 내일을 생각할 수 있구나 하고 우리를 믿게 만드는 개의 행동은 무엇인가요?

다니엘: 그건 우리가 마음 투시경으로 그들의 머리를 찍었으니까요.

나: 그러고 나서 우리가 질문했던 것을 기억해 봅시다. 개가 이미 했던 과거의 일을 기억하는 것과 해야 할 미래의 일을 미리 생각하는 것, 그 두 그림 사이에 어떤 차이점이 있었나요?

바로 그때, 교실에 방문객이 있어서 토론을 잠시 멈추었다. 잠시 후, 그 방문객이 돌아간 뒤에 토론을 다시 이어 갔다.

나 : 그러니까 내 질문은 마음 투시경에 나타난 그림이 아니라, 개들의 실제 행동 중에서 내일을 생각하고 있다고 여길 만한 행동이 있느냐 하는 거예요. 개들이 '내일' 또는 '잠시 후의 미래'를 생각하고 있다고 여길 만한 행동은 무엇인가요? 예를 들면, 문으로 가서 열어 달라고 발로 문을 긁는 행동 같은 거 말입니다.

폴 : 개들이 그냥 밖에 나가고 싶은 걸 수도 있어요.

나 : 잠시 후의 미래가 어떨지 생각하지 않고도 그렇게 행동할 수 있다는 건가요?

폴 : 네, 밖으로 나갈 것을 생각하지 않고서 그렇게 할 수 있어요.

폴의 의견은 나를 놀라게 했다. 나 자신도 이전부터 그렇게 생각하고 있었기 때문이다. 그래서 사실 적절한 때에 이것에 대해 어떻게 생각하는지 물어보려고 했었다. 하지만 토론 내용이 이미 복잡해졌기 때문에 망설이고 있었다. 그런데 폴의 언급으로 이 문제에 대해 자연스럽게 다룰 수 있게 되었다. 지난주에 폴이 토론에 참여하지 못했는데도 이런 의견으로 토론의 흐름에 기여할 수 있어서 다행이었다.

도널드와 폴 사이에 대화가 계속 오고 갔다. 토론 시간에 자주 있는 일이다. 이 두 아이의 대화는 가끔 엉뚱하기도 하지만, 우리들의 논의를 돕는 꽤 진지한 논쟁도 많았다.

도널드 : 분명한 사실은 개들이 미래에 관한 생각을 조금 한다는 거예요. 훈련받은 개가 있는데, 그 개가 미래를 생각하지 않는다면, 어떻게 해야 할지 모를 겁니다.
폴: 만약 어떤 개가 늘 같은 길로만 다녀서 그 길과 특별한 냄새를 기억한다고 해 봐요. 그러면 그 길에 가서 냄새를 맡게 되었을 때, 그 개는 자기가 무엇을 해야 할지 그냥 저절로 알 거예요.

두 아이의 논쟁은 한동안 계속되었다. 다양한 가설적 사례들이 토론되고 나서, 도널드는 자기가 가방 싸는 걸 자기 강아지가 볼 때 어떻게 하는지 말해 주었다. "우리 보리는 내가 가방을 싸면, 내가 학교든 어디든 나간다는 것을 알아요."

마침내 폴은 개들이 미래를 생각한다는 증거가 있다는 도널드의 말에 동의했다. 그러고 나서도 폴은 다시 질문했다.

폴: 개들이 그림으로 생각한다는 것에 대해서는 어떤 증거가 있나요?
나: 그건 그냥 하나의 의견이었어요.
도널드: 난 개들이 그림으로 생각하지는 않는 거 같아요. 개들이 그냥 아

는 것 같아요. 우리가 아는 방법과 비슷하게요.

마틴: 만약 개들이 생각할 수 없다면, 어떻게 되는 건가요?

나: 생각할 수 없으면서 살아 있는 것이 있을까요? 예를 들어 볼까요?

몇몇 아이들: 식물이요!

폴: 식물에 대해서는 이미 이야기했었어요.

토론이 마무리되어 가는 시점에 우리는 우리에 대해 이야기를 나누었다. 우리는 미래에 대해 생각할 수 있는지, 특히 미래에 대해 어떤 것을 알고 있는지 살펴보았다. 그러나 완성된 이야기에는 우리가 미래에 대해 무엇을 알 수 있는지에 대한 내용은 빼 버렸다. 그 대신 우리가 내일을 생각하는 방식에 관한 문제를 덧붙였다.

"어떻게 우리는 미래에 대해 생각할 수 있을까?" 앵거스가 물었다.

"그거야 간단하지. 우리는 '내일'이라는 말을 사용할 수 있잖아." 피오나가 대답했다.

"그런데 내가 내일이라는 단어를 사용할 때, 그 말이 내일을 의미하도록 만드는 건 뭐야?" 앵거스가 다시 물었다.

"좋은 질문이다." 프레디가 이었다. "내가 '앨리스'라고 말하면, 그 단어는 나의 누나를 의미해. 내가 그 이름을 부를 때마다, 내 머릿속에는 누나가 떠올라. 하지만 우리가 모두 동의했듯이, 내일이라는 모습을 우리 머릿속에서 그릴 순 없어. 그렇다면 우리가 '내일'이라는 단어를 말할 때, 내일이라는 그 말이 적절한 의미를 나타내도록 만드는 건 뭘까?"

"너희들은 정말 질문이 많구나. 대단해. 누구 차 마실래?" 피오나가 말했다.

"지금은 안 마실래." 프레디가 말했다. 그리고 잠시 있더니 환하게 웃으면서 덧붙였다. "아마도 내일!"

나가면서

1983년 6월 학기가 끝날 즈음. 세인트메리음악학교에서 음악회가 열렸다. 나도 아이들을 보려고 참석했다. 닐과 폴이 나를 보자마자 내 옆으로 다가왔다.

나는 지난주에 그동안 함께 했던 토론 수업을 책으로 묶어 아이들에게 나눠 주었었다. "아주 멋져요!"라며 닐은 그 책의 저자가 된 것을 자랑스러워했다. "전 지금 개가 카펫에 오줌 싼다는 부분을 읽고 있어요." 닐이 말했다. "네가 그 부분을 좋아했던 거 기억나." 내가 대답했다.

모두 자리를 잡고 앉은 후에, 나는 폴을 향해 몸을 돌려 말했다.
"나는 너희들과 이야기 나누고 싶은 것들을 늘 생각한단다."
"예를 들면요?"
"글쎄." 나는 음악회 프로그램을 훑어보고 곧 어떤 음악을 들을지 생각하면서 말했다. "이런 이야기는 어떨까? 프레디가 '어떤 음악은 슬픈 데가 있어.'라고 말했어. 그러자 옆에 있던 앵거스가 '그건 음악이 슬픈 게 아니라, 그렇게 말하는 사람이 슬픈 거야.'라고 말했지. 프레디는 그 이야기를 듣고 생각에 잠기더니 '슬픈 음악은 사람이 슬플 때 만들어서 슬프게 된 걸 거야.'라고 했어. 아마 앨리스가 이 말을 들으면 아니라고 했겠지. '프레르 쟈끄(자장가)'를 아주 빠르고 경쾌하게 부르면서 말이야." 나는 직접 그 곡을 빠르고 경쾌하게 불러 주었다.

"그리고 앨리스는 같은 노래를 느리게 단조로 부를 수도 있다고 말했어. 이렇게 말이야." 다시 나는 그 곡을 느리고 낮게 불러 주었다.

"그건 장례식장에서 부르는 노래 같아요." 폴이 말했다.

"맞아." 그때 나는 말러가 자기 교향곡에서 '프레르 쟈끄'를 장송곡으로 쓴 것이 생각났다.

"저는 그게 맘에 들어요!" 폴이 말했다.

"그러니까, 슬픈 곡을 작곡하기 위해 슬퍼해야 할 필요는 없단다." 나는 다소 머뭇거렸다.

그때 폴이 끼어들어서 내 요점을 정확히 짚어 주었다. "그러니까 그냥 운동이나 게임이나 재밌는 걸 하듯이 할 수도 있다는 거죠?"

"그래, 맞아." 내가 덧붙였다. "네가 그런 게 좋다면 말이야."

"그렇다면 슬픈 사람이 슬픈 음악을 만든다고 말할 순 없는 거네요." 폴이 동의했다.

"그러면 음악의 어떤 부분이 우리를 슬프게 하고, 어떤 부분이 우리를 행복하게 하는 걸까? 이 질문으로 이야기해 보는 건 어때?" 내가 물었다.

"정말 얘기할 게 많겠어요." 폴이 고개를 끄덕였다.

나는 폴의 그 말에 대해 감정 없이 반응하기가 정말 어려웠다. 그래서 그냥 "그래."라고 얼버무리듯이 말했다.

우리는 음악회에 집중했다. 슬픈 느낌이라고는 찾아볼 수 없는 활기찬 음악들이었다. 세인트메리음악학교 아이들과 함께한 철학 수업을 이토록 멋진 음악회로 마무리할 수 있어서 참 감사했다.

부록

부록

발달심리학과 철학

이제 막 세 살이 된 스티브는 아빠가 바나나 먹는 것을 보고 있었다.
"스티브, 너는 바나나 안 좋아하지?" 아빠가 물었다.
"네, 저는 바나나를 싫어해요. 만약 아빠가 저였다면, 아빠도 바나나를 싫어할 거예요."라고 스티브가 대답했다. 그러더니 자기가 한 말이 뭔가 이상하다는 듯 고개를 갸우뚱하며 생각했다. 그리고 덧붙였다.
"그런데 만약에 아빠가 내가 된다면, 누가 아빠가 되는 거죠?"

이 이야기에는 주목할 점이 몇 가지 있다.

첫 번째, 세 살 된 아이가 '만약에 ~라면, ~일 것이다'라는 가정법을 정확하게 사용했다는 점이다. 나는 스티브의 아빠에게 정말 스티브가 가정법을 사용하여 말했는지 재차 물었다. 그러자 그는 스티브가 분명히 '아빠가 저였다면, 아빠도 바나나를 싫어할 거예요.'라고 말했다고 했다. 나는 스티브의 아빠에게 아무도 세 살짜리 아이가 가정법을 정확하게 사용한다는 것을 믿지 않을 거라고 강조했다.

"그렇다면 그 사람들이 틀린 거죠." 스티브의 아빠는 자기 입장을 고수했다. 그리고 차분히 말했다. "스티브는 정확하게 '만약 아빠가 나라면'이라고 말했거든요."

두 번째 주목할 점은 세 살짜리 아이가 상상력을 발휘하여 다른 사람의 감정을 표현했다는 점이다. 발달심리학자인 피아제(Piaget)의 이론에 따르면 그 나이의 아이들은 극히 자기중심적인 사고(egocentric)를 해야 한다.

세 번째 주목할 점은 세 살짜리 아이가 아주 그럴듯한 추론을 하고 있다는 점이다. 스티브의 말에 내포된 내용을 좀 더 명확하게 분석해 보면, 아래와 같은 것이다.

(1) 누구라도 내가 된다면, 내가 좋아하는 것을 좋아하고 내가 싫어하는 것은 싫어할 것이다.
(2) 나는 바나나를 싫어한다.
(3) 누구라도 내가 된다면, 그 사람은 바나나를 싫어할 것이다.
그러므로
(4) 만약 아빠가 나라면, 아빠도 바나나를 싫어할 것이다.

스티브가 위와 같이 명시적으로 자신의 추론 과정을 설명하려면 좀 더 자라야 할 것이다. 아니, 어쩌면 지금이라도 해낼 수 있을지 모른다. 그 점은 나도 알 수 없다. 하지만 어찌 됐든, 스티브의 추론에는 암묵적으로 이러한 내용이 포함되었다.

네 번째 주목할 점은 세 살짜리 아이가 반(反)사실적 조건문을 사용하여 논리적인 난점을 찾아내고, 스스로 흥미로운 퍼즐을 풀고자 했다는 점이다. 20년 전만 해도, 사람들은 반사실적 조건 논리에 대해 잘 이해하지 못했다. 그래서 그것으로부터 의미 있는 것을 찾을 수 있다고 생각하지 못했다. 하지만 지금은 분석철학에서 '가능 세계 의미론'이라 불리는 가설에 근거하여 반사실적 조건문에 대한 이론이 많이 나오고 있다.

반사실적 조건문이 가진 어려움 중에서 가장 까다로운 것은 "반사실적 동일성(counterfactual identicals)"이라 불리는 것이다. 예를 들면 이런 것이다. "만약 에드워드 히스가 마가렛 대처였다면, 그는 포클랜드 문제에 대해 아르헨티나와 협상을 맺었을 것이다." 우리는 원활한 토론을 위하여, 히스가 대처보다 더 타협적인 사람이라고 가정하는 것이다. 그렇다면, 우리는 왜 만약 히스가 대처였다면, 그가 협상을 맺었을 것이라고 말하는 것일까? 만약 정말 그가 대처였다면, 오히려 그 역시 대처처럼 강하게 자기 의사를 밀어붙여야 하는 거 아닐까?

그러나 스티브는 그런 고민을 하지 않았다.

(1) 만약 아빠가 스티브라면, 스티브가 바나나를 싫어하기 때문에, 아빠도 바나나를 싫어할 것이다.
(2) 만약 아빠가 스티브라면, 아빠가 바나나를 좋아하기 때문에, 스티브도 바나나를 좋아할 것이다.

위의 두 가지 가능성 중에서 어떤 것인지 걱정하지 않았다. 그는 자신의 상황에 따라 자연스럽게 '만일 아빠가 나라면, 아빠도 바나나를 싫어할 것이다'라고 말했을 뿐이었다. 그보다 스티브가 고민한 부분은 역할과 그 역할을 할 사람이다. 만약 스티브 아빠가 스티브가 된다면, 누가 '아빠', 즉 아빠의 역할을 하는 사람이 되는 걸까 하는 문제였다.

스티브의 질문에 쉽게 답할 수 없는 이유 중 하나는 반사실적 동일성이 무엇을 의미하는지 명백하게 밝히기가 어렵기 때문이다. 최근 반사실적 동일성을 이해하는 데에 획기적인 업적을 남긴 철학자들조차도 그것을 다루는 방법에 대해서는 의견이 갈리고 있다.

물론 스티브의 염려를 완전히 해결하지는 못하더라도, 어느 정도 적절한 답변을 할 수는 있다. 예를 들어 "만약에 내가 스티브 너라면, 나의 아빠가 '그' 아빠가 될 수 있을 거야"라고 제안하는 것이다. 이러한 제안에 스티브가 어떻게 생각할지 알 수 있다면 더 흥미로울 텐데 아쉽다.

발달심리학 이론이 널리 퍼져 있다. 그러나 그 이론은 청소년 이전 아이들의 철학적 사고에 대해서는 전혀 언급하지 않는다. 아마도 그 이유 중 하나는, 스티브의 질문이나 나의 저서 『어린이와 함께하는 철학(Philosophy and the Young Child)』에서 보여 준 사례들과 같은, 아이들의 자연스러운 철학적 질문과 의견들이 예외적이고 비표준적인 사례라고 생각하기 때문일 것이다. 그런 아이들의 질문과 생각은 '별난' 것이다. 따라서 평범하고 표준적인 것에 관심을 두는 발달심리학자들은 순전히 방법론적인 근거에서 아이들의 '독특한' 사고와 질문을 거의 무시한다.

그러나 내가 세인트메리학교 아이들과 함께 나눈 대화를 살펴보라. 아이들의 철학할 능력에 대해 어떤 생각이 드는가? 그런데 왜 발달심리학자들은 아이들의 철학적 능력에 대해서 다루지 않을까? 이 질문에 대한 답은 매우 복잡하고 심층적일 것이다. 나는 이에 대해 적절하다고 여겨지는 세 가지 답을 간단히 정리하고자 한다.

첫째, 발달심리학자들은 일반적으로 우리 사회 내에서 '누구나 인정하고 받아들여지는 능력 발달'에 훨씬 더 관심을 가지고 연구하려 한다. 반면 본질적인 질문들을 제시하고 깊이 사유하면서 토론하는 철학적인 태도는 중요하게 여기지 않는다. 어른 대부분은 철학적인 질문에 대해 거의 또는 전혀 고려하지 않으며, 일상에서 철학이 어떻게 생활화되고 실천되고 있는지에 대해 관심이 없다. 따라서 발달심리학자는 아이들이 철학적으로 질문하고 지적으로 생각하는 탐구 능력이 어떻게 발달하는지는 연구하지 않는다.

둘째, 발달심리학자들은 생물학적 모델을 염두에 두고 연구한다. 생물학적 관점을 취할 때는 성장을 마친 어떤 성숙한 표본을 설정하고, 미성숙한 개인이 그 표준으로 발전할 것이라고 가정한다. 그런 다음 발달론자들은 개인이 해당 능력이나 기술에 도달할 때까지 어떤 단계를 거치는지, 또는 어떤 영향이 성숙을 촉진하거나 지연시키는지 파악하는 것에 연구의 초점을 둔다. 발달심리학이 이런 연구 방식을 취한다면, 발달 단계나 그 가속 혹은 지연 요인을 연구하기 위해서 먼저 성숙한 표준적 상태에 대한 이해가 선행되어야 할 것이다.

사실 전문가들은 수학이나 물리학, 독해나 작문 능력에서 성숙함이 무엇인지 잘 알고 있다. 하지만 철학적 사고 능력과 토론 능력에 있어서는 합당한 성숙의 표준이 무엇인지에 대해서, 심지어 그런 표준이 있기는 한 것인지에 대해서 누구도 말하기가 쉽지 않다. 철학적 대화에 참여하여 토론할 수 있는 능력에 대한 성숙의 표준이 없다면, 설정된 표준으로 연구하고 실험하는 발달심리학에서 철학적 사고나 토론에 관해 연구하기는 어려울 것이다.

셋째, 모두 알다시피 인지발달 심리학의 대표 학자는 장 피아제다. 그는 스위스와 프랑스에서 어린 시절을 보내며 철학의 의미를 영미권의 철학과 다르게 형성했다. 대체로 유럽 대륙의 철학은 영미권에 비해 더 체계적이고 성숙한 것으로 과시되는 경향이 있다. 반면, 영미권에서 지배적이었던 분석철학은 그 성격상 과시적일 수가 없었다. 그들은 눈에 띌 만한 유희와 기발한 착상을 철학에 포함하기도 했다. 그래서 루이스 캐럴을 일종의 전문 철학자로 여긴다. 이러한 철학 스타일은 피아제가 야심 차게 모델로 삼고 있는 형태보다는 오히려 어린아이들이 잘하는 성찰의 형태와 더 유사하다. 그러나 대륙 학자인 피아제는 철학적 사고를 위해서는 충분한 지적 능력과 지식이 필요하다고 보았기 때문에, 청소년기, 즉 '형식적 조작기(formal operations)'에야 그러한 사고가 가능하다고 여겼다. 피아제 자신은 어린아이들의 철학적 능력에 대해 민감하지 않았으며 인정하지도 않았다. 참을성 있게 아이와 함께 대화를 나누려 하지도 않았다.

발달심리학이 아이들에게 진정으로 철학적 대화에 참여할 능력이 있는가에 대해 말해 주는 것이 중요할까? 어떤 면에서는 그렇고, 어떤 면에서는 그렇지 않다고 생각한다. 철학적 사고와 토론에 있어서, 완전히 성숙한 상태가 무엇인지에 대해서 공통된 이해와 표준에 도달하는 것은 가능할까? 만약 불가능하다면, 발달심리학자들에게 철학적 능력은 관심 밖의 영역이 될 것이고, 발달심리학자들은 자기 학문의 목표와 전략에 더 잘 맞는 주제들을 다룰 것이다.

하지만 간과해서는 안 되는 측면이 있다. 학생들의 성장에 관심이 많은 교사와 부모는 자녀가 어떤 사람인지, 실제로 자녀가 어떤 사람으로 자라야 하는지에 대한 전문적 견해를 얻기 위해 발달심리학을 꾸준히 찾고 있기 때문이다. 지금까지 살펴보았듯 철학적 능력은 발달심리학의 연구 대상이 아니기에 발달심리학에서는 철학적 능력에 대해 언급하지 않는다. 그래서 교사들과 부모들은 아이들을 열린 철학적 토론에 참여시켜야 한다는 생각을 미처 하지 못한다.

그러면 어른도 아이도 모두, 어른이 결과를 통제하지 않으며, 나이와 경험의 이점에 의존하여 자기 입장을 유지할 수 없는, 놀랍고도 낯선 철학 탐구의 방식에 대해 알지 못할 것이다. 그리고 아이나 어른이 함께 공유한 삶의 수수께끼들이 예기치 않은 통찰로 기적처럼 풀리는 순간의 그 특별한 맛을 누리지 못할 것이다.

역자의 말

"어린이와 함께 철학하고 싶어요.
어떻게 시작해야 할까요?"

어린이철학의 가치와 방향에 대해 공감하는 부모와 교사들이 자주 하는 질문이다. 어린이철학의 첫걸음은 무엇일까? 좋은 교재 선택일까? 아니면 어린이철학 수업 전문가 과정을 이수하면 할 수 있는 것일까? 나 또한 어린이철학의 매력에 빠져 철학 수업을 위한 좋은 교재, 수업 방법 기술을 배우려고 애썼던 적이 있다.

하지만 시간이 흘러 아이들과 함께 철학하는 시간이 차곡차곡 쌓이면서 '어린이를 발견'하는 것이 그 시작이라고 본다. 어린이에 대한 발견은 어린이를 보살핌을 받아야 하는 어린 존재, 가르침을 받아야 하는 교화의 대상으로 보는 것을 넘어 한 인격체로, 자기 삶을 의미 있게 살아가고자 애쓰는 자기 인생의 철학자로 보는 것이다.

어린이를 발견한 철학자

30년 전에 출판된 이 책을 번역하고 싶었던 이유는, 어린이와 함께 철학하는 방법의 첫걸음을 가렛 매튜스를 통해 말하고 싶었기 때문이다.

가렛 매튜스는 1929년 아르헨티나 부에노스아이레스에서 태어나 하버드대학교에서 박사학위를 받았다. 1960년대부터 고대와 중세 철학을 가르치는 철학자이자 대학교수였다. 그러다 1963년 네 살 된 첫째 딸 세라와의 대화를 통해 어린이들이 자연스럽고 주도적으로 철학적 사고를 하고 있다는 것을 발견하게 되면서 그의 연구는 어린이철학으로 향하게 된다. 세 자녀와의 대화를 통해 이미 어린이들은 철학을 할 준비가 되어 있고, 철학하고 있다는 것을 확인하면서, 어린이에게 어른들과 함께 철학하는 시간이 중요하다는 것을 주장하기 시작했다. 그리고 어린이철학을 시작한 매튜 립맨(Matthew Lipman), 앤 샵(Ann Sharp)과 함께 어린이철학 운동을 시작한다.

특별히 그는 그 당시 교육계에 큰 영향을 준 피아제의 발달심리학을 비판하며, 어린이들이 가진 신선하고 창의적이며, 의문을 던지고 직접 답을 찾아가는 면에 주목하여, 아이들도 충분히 철학을 즐길 수 있다고 보았다. 무엇보다 실험실 속의 어린이가 아닌 일상의 어린이들이 철학하는 존재임을 발견했다.

어린이들을 찾아간 철학자

그는 어린이들이 철학을 하는 것은 음악 연주나 놀이처럼 자연스러운 활동임을 보여 주려 했다. 그래서 직접 학교를 찾아가서 아이들을 만나고 철학 수업을 했다. 그리고 그 대화를 기록했다. 아이들과 나누고 싶은 이야기를 정성스럽게 준비하고, 아이들에게 읽어 주었다. 함께 철학적 질문을 만들고 아이들의 이야기를 경청하며, 아이들이 만들어 내는 생각의 의미에 주목했다.

철학자로서 이미 가진 생각이 많았음에도 불구하고, 자기 것을 강요하지 않고 아이들과 함께 배우고자 했다. 기꺼이 자기 의견을 수정하는 그의 철학 수업은 참 아름답다. 그는 아이들에게 철학 탐구의 장을 마련해 주고 자기들의 사유 속에서 마음껏 뛰어놀 수 있는 안전한 울타리가 되어 준 것이다. 아마 그와 철학 토론을 했던 아이들에게 '철학하는 것'이 무엇이냐고 묻는다면, 자기 생각을 솔직하게 이야기하고, 친구와 선생님의 의견에 귀 기울이면서 함께 더 나은 생각을 찾아가는 여행과 비슷하다고 대답할 것만 같다. 이 책을 읽다 보면 아이들의 생각을 궁금해하며 큰 몸을 낮추어 아이들을 향하고 있는 그의 모습, 더 잘 듣고자 애쓰는 철학자의 귀를 가진 그의 모습을 상상하게 된다.

당혹감을 사랑한 철학자
철학자이자 교수였던 그도 아이들과의 철학 수업은 쉽지 않았다. 자기

계획대로 순조롭게 진행되지 않았다. 하지만 그는 계속 아이들을 만났다. 아이들의 당혹스러운 질문을 이상하게 보지 않고, 아이들만이 할 수 있는 특별한 것으로 여기며 경이롭게 생각했다. 그 질문을 시작으로 아이들과 철학적 대화의 물꼬를 트려고 노력했다. 무엇보다 아이들의 생각에 한계선을 두지 않고 탐구를 활짝 열어 두면서 아이들이 토론의 흐름을 주도하도록 했다. 그리고 그 내용을 중심으로 이야기를 만들었다. 아이들은 자기 생각이 의미 있는 작품이 되었음에 뿌듯했을 것이다. 우리는 이 책을 통해 교사와 아이들이 함께 성장하는 시간의 아름다움을 볼 수 있다.

철학은 마주하고 대화하는 시간

이 책을 읽는 독자들이 교실로 찾아간 어린이들의 철학자(The Child's Philosopher) 가렛 매튜스와 아이들의 이야기를 읽고 철학적 대화가 어떤지 맛보길 바란다. 그리고 어린이와 함께하는 철학의 첫걸음을 내딛길 바란다.

어느 날, 36개월이 막 지난 나의 막내딸이 "나는 아기야?"라고 물었다. 아이의 언니와 오빠는 "혼자 화장실 갈 수 있어?" "혼자 밥 먹을 수 있어?" 등을 질문했고, 아이는 자기가 할 수 있는 일을 곰곰이 생각하며 대답했다. 그리고 "나는 다 할 수 있으니까 아기 아니야. 이제 언니야."라고 말했다. 그러자 오빠가 "너, 엄마 배 안 만지고 잘 수 있어?"라고 물었고, 아이는 아주 시무룩한 표정으로 "아니. 배 만지면 아기야?"라고 되물었다. 그렇다는 대답에 막내딸은 "나는 아직 아기이기도 하고 아니기도 해!"라며 결론을 수정했다. 세 살 아이가 자신이 누구인지, 자기가 성장하고 있는지 궁금해하는 장면이다. 아이들은 이렇게 자신이 누구인지, 자기가 할 수 있는 일은 무엇인지, 자기를 돌보고 살아가는 삶에 대해 의미 있는 고민을 한다. 아이는 돌봄을 받아야 할 대상인 동시에 스스로 자기 삶을 꾸려 가는 주체자이기도 한 것이다.

어린이들과 얼굴을 마주하고 함께 대화를 나누는 시간이 많아지면 좋겠다. 책임감은 Responsibility인데, response(반응하다)와 ability(능력)의 합성어이다. 책임감이 나와 타인의 관계에서 상대의 필요와 목소리에 대해 반응하는 것이라면, 어른과 아이 사이에서 아이들의 목소리에 반응하는 것이 우리의 책임일 것이다. 어린이 곁에서, 어린이의 생각을 궁금해하면서 함께 대화하고자 하는 철학자의 귀를 가지고 다가간다면, 그 대화는 충분히 아름다운 철학 시간이 될 것이다.

이 책을 출판하도록 도와주신 바람의아이들 출판사 대표님께 감사드린다. 깊고도 따뜻하며 다정한 김혜숙 선생님과 함께 번역할 수 있어서 감사하다. 한국철학적탐구공동체연구회, 특히 김택신, 유은주, 지정화, 배소현 선생님께도 깊은 감사를 드린다. 함께 한 줄 한 줄 읽으면서 한국말 문장의 구성에 대해 고민해 주었다. 그리고 나의 네 아이들과 아리송할 때마다 함께 씨름해 준 남편도 참 고맙다. 무엇보다 하늘에 계시는 어린이들의 철학자 가렛 매튜스 선생님이 한국에서의 이 책 번역을 기뻐하시면 참 좋겠다.

- 역자를 대표해서 아이들과의 철학 토론을 늘 고민하는 남진희가 씀

역자 부록 1
- 진희샘과 아이들의 철학적 대화

다 컸다는 것은 어떤 의미일까?

- 『나 혼자 갈래』, 아나이스 보즐라드, 최윤정 역, 바람의아이들, 2023

철학은 삶에서 시작된다. 아이들과의 철학은 더욱 일상과 친밀하다. 어느 날, 친척 결혼식에 다녀온 한비가 "어른들이 저를 보고 '다 컸다!'라고 하셨어요. 그런데 저는 아직 4학년이고, 더 많이 커야 하거든요. 왜 다 컸다고 하시는지 모르겠어요."라고 하자 친구들도 맞장구쳤다. "세 살밖에 안 된 동생에게도 '이제 다 컸다'고 하시는데, 너무 웃겨요!" 아이들은 '다 컸다'라는 말의 의미를 알고 싶어 했고, 함께 이야기하면 좋겠다고 했다. 그래서 그림책 『나 혼자 갈래』를 읽고 '다 컸다'는 의미를 탐구하기로 했다.

아이들은 자기 삶에서 나온 질문이기에 더욱 눈을 반짝이며 생각탐험대 활동에 참여했다. (생각탐험대는, 나의 첫째 아이와 동네 친구 네 명이 만든 철학 토론 모임으로 일주일에 1회, 약 2년 이상 만났다.)

『나 혼자 갈래』는 '로랑'이라는 토끼의 성장 이야기다. 로랑은 엄마의 말을 어기고 몰래 담장을 넘어 놀다가 결국 집을 떠나 여행을 시작한다. 혼자 하는 여행이 외롭기는 하지만 좁은 집으로 돌아가고 싶지는 않았다. 로랑은 과연 집으로 돌아갈까? 로랑이 독립해 가는 과정을 살펴보며, '다 컸다'라는 말의 의미를 살펴보기로 했다.

  먼저 나는 아이들에게 언제 '다 컸다'라는 말을 들었는지 물었다. 기저귀 뗄 때, 처음 걸었을 때(이런 걸 기억한다고? 놀랐지만 그냥 넘어갔다), 처음 하는 일을 해냈을 때, 혼자 잘 때, 혼자 심부름했을 때, 혼자 학교에 갔을 때, 피아노 콩쿠르 나갔을 때, 도전했을 때 등 아이들은 매우 풍성하게 자기의 경험을 내놓았다.

  나는 그래서 자신이 다 컸다고 생각하는지 물었다. "아.니.요! 우린 아직 안 컸어요. 아직 크는 중이에요. 그래서 어른들이 다 컸다고 말씀하실 때 부담스럽고 웃기기도 해요!" 은호의 말에 아이들은 모두 공감한다고 고개를 끄덕였다.

  아이들은 그림책을 읽고 각자 궁금한 점을 질문으로 만들었다. 그때 나온 질문 목록은 다음과 같다.

- 할아버지 할머니는 다 큰 걸까?
- 완전하게 다 큰 사람이 있을까?
- 어떻게 해야 다 클 수 있을까?
- 다 컸다는 것은 무슨 말일까?

아이들은 이 중에서 마지막 질문인 '다 컸다는 것이 무슨 말일까?'가 가장 궁금하다고 했다. 그래서 먼저 그에 대해 토론하기로 결정했다. 아마 그러다 보면 다른 질문들과 자연스럽게 연결될 수도 있을 거다.

규영 : 다 컸다는 것은 몸이 더 이상 자라지 않는 상태예요.
아현 : 머리카락과 손톱은 계속 자라는데, 그건 어떻게 해야 할까요?
은호 : 그러면 뼈의 성장이 멈춘 것으로 하면 될 것 같아요.

 은호가 규영이의 의견을 도왔다.

아현 : 그런 것보다 문제가 생겼을 때 해결할 수 있는 능력이 중요해요. 지금은 혼자 할 수 없으니까 부모님, 선생님의 도움을 받는 거잖아요.
한비 : 지금도 혼자 할 수 있는 것이 많아요.
나 : 그럼, 한비는 문제를 잘 해결하는 능력이 다 컸다는 말과 관련이 없다고 생각하는 건가요?

한비 : 꼭 그렇지는 않아요. 그냥 할 수 있는 것도 많다는 이야기를 하고 싶었어요.

아현 : 나도 우리가 아무것도 할 수 없다는 건 아니에요.

나 : 그럼 문제 해결이라는 말 앞에 '어려운'이라는 말을 넣을까요?

은호 : 어려운 문제를 해결하는 능력이 있다면 다 큰 것이다, 이렇게요?

모두 은호의 말에 "와!"하고 탄성을 질렀다.

이후에 아이들은 경험이 많아야 한다는 것에 대해서 약간의 논쟁을 벌였다. 모든 경험이 좋은 건 아니니 경험이 많다고 다 컸다고 할 수는 없다는 의견과 실패나 나쁜 일도 겪어야 마음이 단단해진다는 아빠의 말을 근거로 경험이 중요하다는 의견이었다. 그러다 규영이 논의를 전환시켰다.

규영 : 무엇보다 중요한 것은 나를 지킬 수 있는 능력이 있어야 해요. 아기는 스스로 지킬 수 없어서 도움이 필요하지만, 점점 클수록 도움을 받기보다 스스로 해내거든요. 그리고 자기만 지키는 것이 아니라, 친구들도 도울 수 있어야 진짜 컸다고 할 수 있어요.

아이들이 모두 동의했다.

아현 : 인생 계획을 스스로 세우고 실천하려고 해야 해요. 그리고 돈을 벌어야 해요.

이현 : 돈을 벌어야만 다 큰 건 아니에요. 돈을 안 번다고 어른이 아닌 것은 아니잖아요? 우리 엄마는 돈을 벌지 않지만, 다 큰 사람 같아요. 돈은 꼭 필요하진 않아요.

규영 : 여기서 중요한 것은 독립할 수 있느냐예요. 그러려면 경제적인 것도 생각해야 해요.

규영이가 아현이의 생각을 보완해 주었다.

은호 : 그러려면 똑똑해야 해요. 우리가 여러 번 말했듯이 지식도 필요하지만 지혜로워야 해요. 환경오염에 대해 알지만, 쓰레기를 버리는 사람은 다 컸다고 말할 수 없잖아요.

은호가 예를 들며 설명했다.

나는 이쯤에서 아이들이 지금까지 말한 다 컸다는 말의 의미를 정리해 주었다. 첫째, 어려운 문제를 잘 해결할 줄 안다. 둘째, 다양한 경험이 있다. 셋째, 나를 지키고 주변의 사람을 지킬 줄 알아야 한다. 넷째, 인생 계획을 세울 수 있어야 한다. 다섯째, 경제적으로 독립할 수 있어야 한다. 여셋째, 지식도 있고 지혜로워야 한다. 아이들은 모두 좋다고 뿌듯해했다.

나는 사실 여기서 지혜롭다는 말이 무엇인지 더 탐구하고 싶은 마음이 들었지만 일단은 아이들이 주목한 '다 컸다'는 의미에 대한 탐구를 이어 나갔다.

나는 아이들에게 "완전히 다 큰 사람이 있을까요?"라고 질문했는데, 아이들은 대부분 그런 사람은 없을 것 같다고 했다. 내가 아빠나 엄마나 선생님은 다 큰 거 아니냐고 했더니, 아이들 모두가 그렇지 않다고 했다. "아니요. 우리 아빠는 나랑 비슷할 때가 많아요." "누구도 모든 문제를 다 해결할 수는 없어요. 슈퍼맨도 못해요." "완전하게 착하게 사는 사람은 없다고 생각해요. 한 번씩은 나쁜 짓도 하니까." 내가 혹시 나는 다 큰 사람 같아 보이지 않냐고 묻자, 아이들은 입을 떡 벌리면서 "아니요. 선생님도 지식을 다 알진 못하시잖아요."라고 말했다. "그러면 할아버지, 할머니는 다 컸다고 할 수 있을까요?"라는 나의 질문에 할아버지는 늙은 거라서 다 큰 거랑은 다르다고 했다. 갑자기 내 마음이 출렁였지만 모른 척했다.

수업을 정리하며, 나는 지금까지 우리가 찾아낸 '다 컸다'는 의미에서 자기 자신은 다 컸다고 생각하는지 물었다. 아이들은 한결같이 고개를 저으며 말했다. "아니요. 아직 아니에요." "한참 멀었어요. 우리는 아직 스스로 할 수 있는 것이 별로 없어요." "아마 어른이 되더라도 여기에서 말한 것을 다 지킬 수 있을지 모르겠어요."

다음은 토론 마무리로 우리가 찾은 '다 컸다'의 의미에서 각자가 가장 중요하게 여기는 점을 정리한 글이다. (좀 더 길고 자세하지만 줄였다.)

아는 것을 행동으로 옮기고, 나와 다른 사람들을 지키는 것이다. _이현
문제가 생겼을 때 사람들과 잘 해결해 가는 사람이 되고 싶어졌다. _한비
나는 아직 부족하지만, 더 배우고 노력하는 어른으로 크면 좋겠다. _규영
문제가 생겼을 때 스스로 사람들과 잘 해결하는 것이 중요하다. _은호
나를 지킬 수 있는 능력을 갖추고 싶다. 다 컸다고 말할 날이 올까? _아현

다 컸다는 건 무슨 의미일까? 선생님들과도 함께 이 그림책을 읽고 철학 토론을 하고 싶다. 그리고 우리 철학탐험대 아이들의 이야기를 소개하고 싶다. 아마 깜짝 놀랄 거다.

역자 부록 2

저자 소개

가렛 B. 매튜스(Gareth B. Matthews, 1929-2011)

1929년 7월 8일 아르헨티나 부에노스아이레스에서 태어나 프랭클린대학에서 학부 과정을 마쳤다. 냉전 시기에 미국 해군 정보 장교로 복무한 후, 고대 및 중세 철학, 윤리학, 종교 철학을 전공했다. 하버드대학교에서 철학 석사 및 박사 학위를 받았으며 버지니아대학교 조교수(1960-1961), 미네소타대학교 조교수 및 부교수(1961-1969), 매사추세츠대학교 애머스트 캠퍼스 정교수(1969-2005)를 역임했다.

세 명의 자녀와 대화하면서 어린이의 철학 가능성을 발견했다. 그는 어린이문학, 어린이를 위한 철학, 어린이철학의 철학 분야를 시작하는 데 중요한 역할을 했다. 〈Thinking: The Journal of Philosophy for Children〉의 편집자로 1979년부터 2006년까지 이야기를 어린이철학으로 풀어내어 58편의 〈Thinking in Stories〉라는 칼럼을 썼다. 또한 『Wise Owl: Talking and Thinking about Children's Literature』를 공동 집필했다. 매튜스는 독일어와

스페인어에 능통했고, 그리스어와 라틴어를 썼다. 그는 오스트리아, 호주, 중국, 이스라엘, 독일, 일본, 노르웨이, 스코틀랜드 등 어디를 가든 아이들과 함께 철학하는 일에 관해 소개했다. 특히 독일에서의 연구는 독일의 어린이철학 성장에 영향을 주었으며, 2007년 함부르크대학교 교육학부에서 명예 철학 박사 학위를 받았다. 2011년에 암으로 사망했다. 이후 2015년 매사추세츠대학의 철학과는 매튜스 기념 강연을 지원하기 위해 매튜스 철학기금을 마련했고, 2020년에는 매튜스 센터(The Matthews Center for Philosophy and Children)가 출범했다.

그는 철학을 아카데미 밖으로 가져가는 데에 전념했다. 그는 전 세계의 아이들에게 철학을 가르치도록 문을 연 선구자였으며, 평화와 사회 정의를 위한 운동의 활동가로서 자신의 윤리적 가치를 실천에 옮겼다.

역자 부록 3

가렛 매튜스 저서 및 관련 도서

1. Philosophy and the Young Child, Cambridge: Harvard University Press, 1980. (『어린이와 함께 하는 철학』, 가렛 매튜스, 서울교대철연동문, 서광사, 1987.)

2. Dialogues with Children, Cambridge: Harvard University Press, 1984. (『아이들과의 철학적 대화』, 가렛 매튜스, 김혜숙, 남진희 역, 바람의 아이들, 2025)

3. The Philosophy of Childhood, Cambridge: Harvard University Press, 1994. (『아동기의 철학』, 가렛 매튜스, 남기창 역, 필로소픽, 2013.)

4. Philosophers' Children, ed. with Susan Turner, Rochester: University of Rochester Press, 1998

5. The Augustinian Tradition, ed., Berkeley: University of California Press, 1998.

6. Socratic Perplexity and the Nature of Philosophy, Oxford: Clarendon Press, 1999.

7. Augustine: On the Trinity, ed., with an introduction, Cambridge: Cambridge

University Press, 2002.

8. Gareth B Matthews The Child's Philosopher, ed Maughn Rollins Gregory 및 Megan Jane Laverty, Routledge, 2022.

참고

https://www.montclair.edu/iapc/gareth-b-matthews/
https://www.umass.edu/philosophy/gary-matthews-memorial-lecture

역자 부록 4

어린이철학 관련 도서 소개

『고차적 사고력 교육(Thinking in Education)』, 매튜 립맨, 김혜숙 외 역, 인간사랑, 2005.
 - 어린이철학의 선구자인 립맨의 대표적인 이론서

『교실 속 어린이철학(Philosophy in the Classroom)』, 매튜 립맨, 앤 샵 외, 박찬영 역, CIR, 2020.
 - 립맨의 실천적 이론서

『그림책이 있는 철학교실』, 카타리나 차이틀러, 황택연 외 역, 시금치, 2014.
 - 그림책에 담긴 철학적 질문과 미술활동을 연결한 실용서

『동화 속 철학 탐험』, 웬디 C. 터전, 김혜숙, 남진희 외 공역, 교육과학사, 2024.
 - 전통 동화를 읽고 유청소년들과 토론할 수 있는 철학적 질문을 모은 실용서

『메타인지를 키우는 생각놀이 레시피』, 한국철학적탐구공동체연구회, 맘에드림, 2023.
 - 생각의 기초근육을 키우는 놀이를 소개한 실용서

『문해력과 사고력을 키우는 교실 속 철학토론』, 한국철학적탐구공동체연구회, 맘에드림, 2022.
  - 철학 토론의 준비와 실행을 위한 이론과 사례를 담은 책

『생각하는 교실, 철학하는 아이들』, 한국철학적탐구공동체연구회, 맘에드림, 2019.
  - 학교 교실에서 교과별로 아이들과 철학함은 어떤 모습인지 보여주는 책

『아동기의 철학』, 가렛 매튜스, 남기창 역, 필로소픽, 2013.
  - 어린 시절의 철학적 성격에 대한 매튜스의 이론서

『아이와 함께 철학하기』, 프랑스아 갈리세, 강주헌 역, 문학동네, 2010.
  - 생각하는 힘을 기르는 프랑스 철학교육 현장을 들여다보게 하는 책

『아이들과 철학하는 삶』, 매튜 립맨, 김회용, 박상욱 역, 살림터, 2024.
  - 어린이철학교육운동을 처음 연 매튜 립맨의 자서전

『안녕 필로』, 타하르 젤룬, 이세진 역, 바람북스, 2022.
  - 삶의 중요한 개념들을 깊이 씹어주는 개념 탐구의 바탕 교재

『어린이를 위한 철학교육』, 매튜 립맨, 서울교대철연동문 편역, 서광사, 1985.
  - 립맨의 초기 이론서를 편역해서 낸 책

『어린이와 함께하는 철학』, 가렛 매튜스, 서울교대철연동문, 서광사, 1987.
– 철학과 아이들의 관계를 깊게 파고든 매튜스의 이론서

『철학수업 레시피』, 김혜숙, 김혜진, 교육과학사, 2017.
– 어린이철학에 대한 기초적인 이론과 1년간의 철학적 대화 사례를 모은 책

『토론수업 레시피』, 김혜숙, 남진희 외 공저, 교육과학사, 2011.
– 철학 토론의 기초가 되는 토론 교육의 기초이론과 연간계획과 각 토론사례를 담은 책

『프랑스 부모는 아이에게 철학을 선물한다』, 나카지마 사오리, 윤은혜 역, 예담, 2018.
– 프랑스 교육 전반의 철학교육을 자세히 들여다볼 수 있는 책

『내 아이의 생각을 키우는 초등 철학수업』, 미셸 토치 외 지음, 박지민 역, 레몬한스푼, 2022.

역자 부록 5

어린이철학 관련 단체 소개

IAPC (최초로 어린이철학 운동을 시작한 어린이철학의 산실)
https://www.montclair.edu/iapc/

ICPIC (현재 활발히 활동 중인 국제 어린이철학 본부)
https://www.icpic.org/

Chaire UNESCO philosophie enfants (어린이철학을 미래교육으로 선정하고 지원)
https://chaireunescophiloenfants.univ-nantes.fr/

한국철학적탐구공동체연구회 (초중고 현장교사들의 어린이철학 연구와 실행)
https://kscopi.or.kr/

한국어린이철학교육학회 (어린이철학을 연구하는 학자와 현장교사들의 연구와 실행 교류)
https://www.kspec.or.kr/

한국철학교육학회 (유치원부터 대학까지의 철학교육을 연구하는 학회)
http://pf.kakao.com/_nxjLnj

서울교대 어린이철학교육센터(어린이들과의 철학캠프 운영)
https://cafe.naver.com/p4csnue

- 어린이철학 다음카페 (어린이철학을 위한 다양한 정보와 자료 나눔)
https://cafe.daum.net/p4ci

아이들과의 철학적 대화

초판 1쇄 발행 | 2025년 9월 5일

지은이 | 개러스 매튜스
옮긴이 | 김혜숙, 박지희
펴낸이 | 최윤정
만든이 | 김민영 임이지 유수진
펴낸곳 | 바람아이들
등록 | 2003년 7월 11일 (제312-2003-38호)
주소 | 03035 서울특별시 종로구 평창대로 116 (신교동) 신우빌딩 501호
전화 | (02) 3142-0495 팩스 | (02) 3142-0494
이메일 | barambooks@daum.net
제조국 | 한국

www.barambooks.net

DIALOGUES WITH CHILDREN
by Gareth Matthews
ⓒ 1984 by the President and Fellows of Harvard College
Published by arrangement with Harvard University Press.
All rights reserved.
This Korean translation edition is published by BaramBooks in 2025 by arrangement with Shin-Won Agency.

이 책은 신원 에이전시를 통해 저작권자와의 독점계약으로 바람아이들에서 출간되었습니다.
저작권법에 의해 한국 내에서 보호를 받는 저작물이므로 무단전재와 무단복제를 금합니다.